Destino sudamericano

MARTÍN PLOT (COMPILADOR)

Destino sudamericano

Ideas e imágenes políticas
del segundo siglo argentino y americano

teseo

UNIVERSIDAD DE
Belgrano
BUENOS AIRES - ARGENTINA
EDITORIAL

Destino sudamericano : ideas e imágenes políticas del segundo siglo argentino y americano / Margo Bistis ... [et.al.] ; compilado por Martín Plot.
- 1a ed. - Buenos Aires : Teseo; Editorial Universidad de Belgrano, 2010.
222 p. ; 20x13 cm.

ISBN 978-987-1354-70-2

1. Ciencias Políticas. I. Margo Bistis II. Plot, Martín, comp.
CDD 320

Belgrano
UNIVERSIDAD DE
BUENOS AIRES - ARGENTINA
E D I T O R I A L

teseo t

Las imágenes del artículo "Ilustrando la ciudad centrípeta" son reproducidas
con el permiso de la Huntington Library, San Marino, California.

Las imágenes del artículo "Populismo y propiedad privada" son reproducidas
con el permiso de la Rare Book and Manuscript Library, Columbia University
Libraries.

ISBN 978-987-1354-70-2
Editorial Teseo

Para sugerencias o comentarios acerca del contenido de esta obra,
escríbanos a: **info@editorialteseo.com**

www.editorialteseo.com

Índice

INTRODUCCIÓN

Martín Plot

Zumban las balas en la tarde última.
Hay viento y hay cenizas en el viento,
se dispersan el día y la batalla
deforme, y la victoria es de los otros.
Vencen los bárbaros, los gauchos vencen.
Yo, que estudié las leyes y los cánones,
yo, Francisco Narciso de Laprida,
cuya voz declaró la independencia
de estas crueles provincias, derrotado,
de sangre y de sudor manchado el rostro,
sin esperanza ni temor, perdido,
huyo hacia el Sur por arrabales últimos.

[...] Yo que anhelé ser otro, ser un hombre
de sentencias, de libros, de dictámenes,
a cielo abierto yaceré entre ciénagas;
pero me endiosa el pecho inexplicable
un júbilo secreto. Al fin me encuentro
con mi destino sudamericano.

"Poema conjetural"
Jorge Luis Borges

¿Cuál es la medida temporal de un destino? Para un individuo, podría decirse que la misma está limitada a la duración completa de una vida. En ese caso, nuestro destino sería aquello que, una vez concluida ésta, se revelería como habiendo estado esperando por nosotros desde un comienzo –por eso decimos "imposible saber lo que nos

depara el destino", porque solo retrospectivamente este
"depararnos" puede ser revelado–. La idea de destino es,
además, en su versión más inocente, una especie de resguardo ante la incertidumbre de lo desconocido, un resguardo
que, obviamente, no nos protege de la contingencia de los
hechos, pero sí lo hace de la angustia que provoca la dura
evidencia de su imprevisibilidad. Metafórica y literaria-
mente, sin embargo, es difícil que las palabras de Borges se
hayan referido a este aspecto. ¿Qué queda, entonces, de la
noción de destino una vez despojada de su inocencia? Lo
que queda, creo, es la posibilidad retrospectiva de revelar
lo que aparentemente nos habría estado esperando desde
un comienzo. Este convertir retrospectivo de "lo ocurrido"
en un "no podía haber sido de otro modo" –que Hannah
Arendt denunciara como una ilusión óptica, o existencial,
de los historiadores, que mirando hacia el pasado desde el
presente dejan de percibir la contingencia de los hechos,
que siempre podrían haber sido de otro modo– permite a
Borges, en su poema en primera persona sobre Laprida,
ofrecer su propia interpretación de lo que esperaba a éste,
y a su nación, en el tiempo que se abría en la instancia de
su muerte.

    ¿Qué significaba, entonces, para la imaginación del
Laprida imaginado por Borges, tener un destino sudamericano? O, más concretamente, ¿qué significó, para Borges, el
período de tiempo transcurrido entre la muerte de Laprida
(1829) y el momento de escribir sus líneas (1943)? Si estas
preguntas pudiesen ser respondidas con total precisión,
la fuerza retórica de la famosa frase de Borges no hubiese
cautivado la imaginación de los argentinos por tanto tiempo,
ya que es a la ambigüedad propia del poder de evocación
empleado por Borges que debemos la perdurabilidad de
esta imagen. Pero, aunque no podamos responderlas con
precisión, las preguntas abren una serie de posibilidades
que el poema, yuxtapuesto sobre otros poemas, historias y

ensayos de Borges, claramente sugiere. Laprida, sinécdoque
de su generación, había imaginado una nueva república,
fundada en las leyes y la razón, pero terminó encontrándose
con una realidad distinta, "sudamericana". Esta dualidad
podría estar indicando una simple dicotomía –lo que no
sorprendería, porque una dimensión significativa del imaginario colectivo argentino, condensada magistralmente por
Capusotto, sigue preguntándose "¿hasta cuándo?"– pero,
para complicar las cosas, Borges nos dice que un júbilo
secreto nos desplaza del lugar de simple decepción con
el destino revelado por el paso del tiempo. Este destino,
sudamericano, endiosa el pecho, llena de pasión al sueño
de una república de la razón. ¿Nos lleva esto al otro lado
de la dicotomía? ¿Afirma este júbilo que el proyecto civilizatorio, derrotado en un arrabal último por la barbarie
montonera, debe ser abandonado para entregarnos a la
celebración de la lucha fratricida? No lo creo. La cosa es,
como quiero sugerir, más complicada.

Otro indicio de esta complicación la da también Borges
en otro texto suyo. En un prólogo al *Facundo* de Sarmiento[1],
Borges dice que el destino –una vez más, el destino– había
querido que fuese otro libro, el *Martín Fierro*, el que se
convirtiera en el texto fundacional de la Nación. Y, a renglón
seguido, afirmaba que otra suerte, una mejor, habría sido
la nuestra si hubiese sido el *Facundo* el texto que ocupase
aquel lugar. Un poema y un prólogo, ambos aludiendo,
nostálgicamente, a un contraste entre deseos fundacionales
y destinos históricos que estaría en la base de la identidad
nacional. Un contraste, es cierto, entre promesa y destino,
entre potencial y concreción, entre sueño y realidad, pero
un contraste al que un júbilo secreto le impide conformarse
con el simple desplazamiento de un elemento al otro de la

---

[1]   Borges, Jorge Luis. "Facundo", en *Prólogos con un prólogo de prólogos*
      en *Obras completas*, Tomo 4, Buenos Aires: Emecé, 1996, p. 125-129.

dicotomía. Y esta ambigüedad, presente en la totalidad de
la obra borgeana, no le es, sin embargo, exclusiva; como
muchos elementos, esta ambigüedad entre posibilidad y
realidad, entre imaginación y realización, le es heredada de
una herencia que él mismo se propone heredar: Sarmiento.

Comenzamos así este libro colectivo con el ensayo
de Tomas Borovinsky sobre Martínez Estrada, un ensayo
que nos permite empezar por el comienzo, es decir, por la
imaginación que dio nacimiento a lo que luego se revelaría
como la realización del segundo siglo Argentino. Martínez
Estrada empieza por el comienzo de lo que le preocupa,
aquella multiplicidad de problemáticas que éste asociaría
con la relación Buenos Aires/interior, ciudad y pampa, una
relación que, en el reflexionar de la nación acerca de sí
misma, quizás haya nacido, efectivamente, en el *Facundo*.
Es decir, aquello que lleva a Martínez Estrada a Sarmiento
es lo mismo que hace decir a Borges que la nación hubiese
sido mejor servida si, en vez del *Martín Fierro*, ésta hubiese
elegido al *Facundo* como su libro fundacional. ¿Por qué?
Porque Sarmiento pensó la imbricación, a la vez que la polaridad, entre ambos elementos de la dicotomía; en su caso,
la de civilización y barbarie. Imbricación y polaridad que,
sociológicamente *avant-la-lettre*, anticipa la preocupación
del segundo siglo, tanto argentino como americano, para
con las promesas y amenazas –primero las promesas y,
luego, las amenazas– de la ciudad como nuevo fenómeno
colectivo. Porque es cierto que la dicotomía –tanto como
la imbricación– entre el *Martín Fierro* y el *Facundo* es una
dicotomía tanto temporal como intelectual, ya que grafi-
ca lo que dos generaciones sucesivas pensaron sobre las
promesas y las amenazas de la ciudad. Para Sarmiento –y,
saltando generaciones, para Borges, ya que esto va implícito
en su elección imaginaria de su libro fundacional para la
Nación– la ciudad representaba el progreso, la república,
la civilización, el cosmos, es decir, literalmente, la *polis*. En

contraste, para la generación de José Hernández, para la generación que celebraría luego al *Martín Fierro* como libro fundacional, la ciudad empieza a dejar de ser un cosmos para comenzar a ser percibida como caos. La ciudad, allí donde se asientan los inmigrantes, allí donde se fundan los sindicatos, allí donde el tráfico y las multitudes hacen la vida insoportable, allí donde se hablan lenguas extranjeras y la lengua propia se extranjeriza, allí donde ya no se respetan las jerarquías ni se reconocen las tradiciones, requiere ser contrarrestada; y así nació la literatura gauchesca.

Este fenómeno de la irrupción urbana –también, tanto argentino como de las Américas del sur y del norte– fue central a lo que, ya en el cambio de siglo, se pensaba e imaginaba en la prensa gráfica ilustrada moderna. Es al análisis de las transformaciones de este discurso visual que se dedica –basándose en un exhaustivo trabajo de archivo y en un agudo ejercicio de interpretación histórica– la historiadora Margo Bistis. Pero el destino de la ciudad del segundo siglo argentino y americano, que pasaría de ser imaginada como promesa de progreso y civilización a ser temida como amenaza de caos y tumulto, tampoco terminó revelándose como lo uno o como lo otro excluyentemente, sino más bien como el resultado de una imbricación que daría lugar a nuevos e imprevisibles imaginarios colectivos. Y así como el epicentro de lo que Bistis llama la "ciudad centrípeta" no podía estar sino en la Nueva York de 1900, no sería sino la misma Nueva York la que desplazaría, junto con el siglo, a París como capital cultural de su tiempo, que es lo que Daniel Mundo atestigua en su trabajo. El segundo siglo de las Américas, tanto en su centro neoyorkino como en su suburbio austral de Buenos Aires, sufrió transforma-ciones e introdujo nuevos patrones de sociabilidad que se replicaron y emularon en un juego de espejos al que Borges también podría contribuir. Como también podría hacerlo con respecto al segundo gran tema articulador de este libro colectivo: identidad y diferencia. Ya que es la misma dicotomía/imbricación rural/urbana la que llevó, durante el segundo siglo argentino y americano, a la multiplicación de polaridades en las que se pusieron en juego las pasiones borgeanas por lo mismo y lo otro. Los trabajos de Mauricio Dimant, Emmanuel Taub y Alejandro Dujovne exploran regiones tan disímiles y, sin embargo, tan articuladas de la dialéctica entre identidad y diferencia, que la constitución de solidaridades e identificaciones interétnicas en la Patagonia, el racismo excluyente de Ingenieros y el rol de las políticas editoriales en la conformación de una cultura judía latinoamericana, constituyen una fotografía multidimensional sumamente rica de los procesos culturales y la evolución de las ideas hacia mediados del segundo siglo latinoamericano.

Y era aproximándose a esa segunda mitad que Borges atribuía a Laprida, y a la nación por él imaginada, un destino que, en realidad, no sería otra cosa que una lectura retrospectiva de lo acontecido a la república durante su, por aquel entonces, ya más de un siglo de existencia. La Argentina, fundada por revolucionarios que se creyeron ilustrados, podía ser leída por Borges, hacia el oscuro 1943, como sumergida en la ciénaga del caos fratricida. Pero si la figura del destino es usada por Borges para ofrecer una interpretación de lo que el tiempo había revelado como esperándole ocurrir a la república imaginada por Laprida, la pregunta que nosotros debemos formularnos es por el destino de aquel destino, es decir, por aquello revelado de allí en más, de 1943 en adelante. Si bien el populismo del segundo siglo argentino ya había tenido su primera manifestación en el yrigoyenismo –al que Borges, paradójicamente, había celebrado–, puede decirse de 1943 que fue el año en que el segundo round populista, el del peronismo, fue gestado (aunque octubre del '45 sea más conocido como la fecha de su nacimiento). Si hay algo que tanto la opinión general como la literatura politológica atribuyen en común a la Sudamérica del segundo siglo, eso es que su destino fue populista. Pero, a pesar de lo que piensen muchos de los divulgadores que alimentan esa opinión general y los politólogos que se dedican a reproducir los clichés de la academia –sobre todo norteamericana–, el sentido del fenómeno populista dista de ser evidente. La repercusión intelectual de la decisión de Ernesto Laclau de revisitar al populismo como categoría política[2] es conocida –y hasta la contribución teórica del filósofo francés Jacques Rancière podría inscribirse también en este campo de trabajo.[3] Es menos extensamente divulgada, sin embargo, la tarea historiográfica emprendida por otros investigadores acerca de los populismos históricos latinoamericanos, su versión norteamericana, y las implicancias de estos períodos para el presente, tanto del sur como del norte del continente.

El trabajo de Ernesto Semán aquí incluido forma parte de este tipo de abordaje. No es fácil establecer un diálogo y ofrecer elementos comparativos entre naciones que, para bien o para mal, se creen excepcionales, como es el caso de los Estados Unidos y la Argentina –diálogo y comparación que atraviesa este volumen en sus tres secciones–. De todos modos, no son pocos los trabajos que hoy se animan a observar, tanto crítica como apologéticamente, el destino sudamericano de la república del norte o la emulación roosveltiana de los populismos vernáculos del sur. En este fuego cruzado de influencias es que Semán nos regala las perlas historiográficas del "largo telegrama" y la vocación peronista de promover una antinomia inesperada: la de Braden o Roosevelt. Este fenómeno populista, destino sudamericano como pocos, está, además, en la base de la

---

2   Laclau, Ernesto. *On Populist Reason*, New York: Verso, 2007.

3   Rancière, Jacques. *El desacuerdo*, Buenos Aires: Nueva Visión, 1996.

incapacidad de muchos conservadores –desde la Europa
contrarrevolucionaria a la Norteamérica contemporánea,
pasando por nuestro propio Borges en los arrabales del
Sur– de distinguir entre democracia y totalitarismo. Uno
de los más recientes trabajos de Claude Lefort[4] ofrece una
discusión fascinante del tema. También, creo, es esta la
forma en la que el pensamiento político de Rancière ofrece
una perspectiva iluminadora sobre la forma en la que el
principio democrático genera hostilidad en aquellos defen-
sores de un orden jerárquico –una determinada distribución
de funciones y roles, una forma de fijación de los límites
entre lo visible y lo invisible– que debe ser defendido de
la desmesura del *demos*. Es en este cruce de problemáticas que mi propia contribución a este volumen ofrece
una lectura del desfasaje entre la agudeza interpretativa
de las ficciones de Borges, inspiradas por la irrupción de
la forma política totalitaria, y el Borges de la opinión política, propenso a colapsar su crítica antitotalitaria con la
desconfianza antidemocrática.

Una forma de confusión que no es ajena a escritores
y culturas políticas aún más contemporáneas, y que no
se limita a la incapacidad de muchos de reconocer en la
democracia algo más que el régimen más propicio para
la generación del caos populista. Un caso emblemático
de esta incapacidad, esta vez devenida celebración de la
más reciente ideología regional –una vez más, tanto en
la república del norte como en las del remoto sur– es la
fascinación acrítica del escritor chileno Alberto Fuguet
para con el capitalismo neoliberal, tema al que se aboca
el trabajo de Antoinette Hertel. La más reciente ideología
regional, pero no porque esta se encuentre aún plenamen-
te vigente. El fenómeno populista habrá sido un destino

---

[4]   Lefort, Claude. *La complication: retour sur le communisme*, Paris: Fayard,
       1999.

sudamericano como pocos, pero también lo fue el colapso generalizado del modelo neoliberal hacia la última década de su segundo siglo. Porque si algo caracterizó a esta década que termina, eso fue el quiebre del paradigma antipolítico y antiestatal que se había presentado como antídoto infalible a la amenaza populista; antídoto ideológico, pero esta vez en el sentido de Marx, ya que lo amenazado por el principio político, por el principio democrático, no es un interés universal, sino uno particular que hace todo lo posible por presentarse como universal.

En definitiva, lo que se pretende con esta serie de ensayos y trabajos de investigación es reflexionar, multidisciplinaria y, a la vez, convergentemente, sobre qué podría significar atribuirle un destino sudamericano a la Argentina y la América de hoy. Muchos, ignorando el dinamismo al que deben ser expuestas imágenes como la borgeana, y hasta forzándola a carecer de la ambigüedad que sin duda ya contenía, no dudaría en lamentarse, preguntándose "¿hasta cuándo?" debemos soportar un destino sudamericano, que sería, sin duda, lineal: el del caos o, peor aún, el del populismo. Otros, abrazando la simplificación opuesta, adoptarían la celebración lineal de ese destino, que esta vez sería épico, y desligarían la aventura sudamericana de causas, si se quiere, universales, como lo son las de la igualdad y la libertad, facilitándole así el trabajo a los que sostienen que esta última conjunción debería ser entendida, una vez más, como antinomia. Es por eso que invitamos a Norman Klein a ayudarnos a cerrar este libro colectivo con una reflexión sobre el olvido y, sobre todo, sobre su entrelazamiento con los requerimientos de la memoria. Porque es de lo que decidamos dejar atrás, de lo que decidamos dejar de reconocer como nuestra herencia –como Borges propusiese con la literatura gauchesca– que estará hecho el destino que nos deparará nuestro tercer siglo. Un destino que, ineludiblemente, será sudamericano.

CAMPO Y CIUDAD

INVARIANTES PAMPEANAS DE FACUNDO A PERÓN

Tomas Borovinsky

I

> *Los baluartes de la civilización habían sido invadidos*
> *por espectros que se creían aniquilados, y todo un mun-*
> *do sometido a los hábitos y normas de la civilización,*
> *eran los nuevos aspectos de lo cierto y de lo irremisible.*
>
> Ezequiel Martínez Estrada

Ezequiel Martínez Estrada se erige en el panorama del ensayo sudamericano como un conjurador de los fantasmas argentinos, un descifrador de los espectros que habitan la vida argentina. Un analista de los usos y costumbres pampeanos, un estudioso de aquellos efectos en la piel de los habitantes del Plata; de ahí la importancia que Estrada da a una exégesis de las superficies y de sus irregularidades en relación con los hombres que circulan y viven en determinadas intersecciones espaciales. De ahí la importancia de las superficies, en la biografía y en la escritura de Martínez Estrada, este solitario ensayista argentino que atravesó un peronismo, contra el que escribió, postrado bajo la influencia de una neurodermatitis de proporciones. De ahí que retumbe la sentencia repetida por Paul Valéry: "lo más profundo es la piel". Sin querer decir con esto que la epidermis, la superficie habitable o la pampa sean planas y uniformes a los ojos de Martínez Estrada, dado que la pampa argentina parece emerger como un plano de relieves rastrillados, plagado de bifurcaciones y pliegues que dan forma a ciertos hábitos de las denominadas multitudes argentinas. Porque lo telúrico será fundamental para autores que, tanto en Martínez Estrada como en Sarmiento, estudiarán estos hábitos productores de subjetividad como efecto de la relación entre la tierra, la historia y los hombres, que se expresan en el campo social, en la moda, el frac –unitario– y los colores –el rojo federal–, la arquitectura y la técnica, el desierto y el llano, la ciudad –civilización– y el campo –barbarie–.

La geografía funciona en la ensayística de Estrada en un primer plano, ya que este solitario escritor basa gran parte de sus interpretaciones pampeanas en la relación palpable que éste encuentra entre los recursos naturales y su disposición y aprovechamiento a lo largo de la historia nacional argentina. De ahí que haga permanente uso de documentaciones económicas, históricas y geográficas para la construcción de sus voluminosas obras. Será por ello que aún sea difícil encontrar en las letras argentinas un libro sobre la ciudad de Buenos Aires que pueda enfrentarse seriamente a *La cabeza de Goliat*.

Frente a la obra de Estrada se hace evidente la imposibilidad de pensar la Argentina sin tener clara una cierta relación entre Buenos Aires y el resto negado de la patria; cuerpo atrofiado de un gigante, cuya cabeza está pensada para albergar –entre campo y ciudad– a 80 millones de personas:

> en vez de preguntarnos, como hasta ahora, por qué ha crecido fenomenalmente su cabeza de virreina, debemos preguntarnos por qué el cuerpo ha quedado exánime (...) Empezamos a darnos cuenta de que no era la cabeza demasiado grande, sino el cuerpo entero mal nutrido y peor desarrollado. La cabeza se chupaba la sangre del cuerpo.[5]

---

[5]   Martínez Estrada, Ezequiel. *La cabeza de Goliat*, Barcelona: La biblioteca Argentina, 2001, p. 33.

No es extraño que Estrada finalice su introducción a la segunda edición remarcando que Buenos Aires es el impedimento para percibir nuestra historia, agregando que ésta es el supremo impedimento para intuir nuestra realidad.

La entera obra de Martínez Estrada pretende ser una reescritura de la historia nacional, desde una singular perspectiva que se condensa alrededor de sí mismo, alineando en sus libros a numerosos autores clásicos, junto con diversos pensadores que podríamos denominar *contemporáneos*. Sarmiento y Groussac, Freud y Jung, Simmel y Spengler, Goethe y Aristóteles, Toynbee y Cicerón, Borges y Lugones, entre otros. Cuando un pensador construye su obra, lo hace mediante alianzas con otros semejantes, a partir de lazos que pueden constituir el armazón de una máquina viviente que delata sus propias referencias en las citas a las que recurre y esconde otras tantas. Pero justamente el carácter vital de la obra del radiógrafo santafesino radica en que dicha composición mutila a los autores de referencia en pro de generar su propio pensamiento. Cargado de autores pero singular, la maniobra creativa de Martínez Estrada se asemeja a aquella sodomía filosófica de la que hablará posteriormente Gilles Deleuze. El filósofo francés decía que a un autor se lo toma por atrás, y se le hace un hijo irreconocible, un monstruo.[6] De ahí que podamos decir que el Sarmiento de Ricardo Rojas no es el mismo que el de Leopoldo Lugones. Estrada construye su propia filosofía de la historia tomándola por atrás, haciéndole un hijo: irreconocible y singular.

---

[6]   Deleuze, Gilles. *Pourparlers*, Paris: Les Éditions de Minuit, 2003, p. 15.

II

Sarmiento mató la cultura para fundar la instrucción. Con esa fuerza brutal que tenía para todo, hizo de la Argentina un país como los Estados Unidos del Norte, instruido pero inculto.

Ignacio B. Anzoátegui

De esa hospitalidad a lo antagónico nace su literatura. Sus mejores páginas se las debemos, no a sus esquemas a veces rígidos de reformador, sino a su lealtad con lo real.

Juan José Saer

El siglo XIX argentino se vio enriquecido, en el plano intelectual, por debates fundamentales en el cuenco del plata. Sarmiento formó parte de estas disputas y, a pesar de recurrentes exilios y viajes, su nombre es mecánicamente identificado con una época entera, de modo insistente e insoslayable. No por nada Borges dirá que Sarmiento no murió, ya que es el testigo que sueña soñándonos. Desde cierta perspectiva, Sarmiento es una presencia imperecedera que vigila nuestro presente tomando partido porque "Es él. Es el testigo de la patria, el que ve nuestra infamia y nuestra gloria, la luz de Mayo y el horror de Rosas y el otro horror y los secretos días del minucioso porvenir",[7] haciendo presencia en aquel bombardeo de la Plaza de Mayo de septiembre de 1955. Digamos que cada uno tiene su propio Sarmiento.

No todas las batallas de ideas pueden marcar una época de la forma que lo hizo esta. Más extraño aún es que se den el lujo de llevar un nombre tan tajante y sintético, como el que le fue donado a aquel binomio que cubre con su sombra toda una época: civilización y barbarie.

---

[7]   Borges, Jorge Luis. *Obras Completas II*, Buenos Aires: Emecé, 1996, p. 277.

En su *Facundo*, Sarmiento aborda el debate entre civilización y barbarie de forma clara y distinta. Dice en su ya clásico libro de exilio: "La ciudad es el centro de la civilización argentina, española, europea; allí están los talleres de las artes, las tiendas de comercio, las escuelas y colegios, los juzgados, todo lo que caracteriza, en fin, a los pueblos cultos".[8] Lo geográfico será, como en Martínez Estrada, uno de los pilares de la obra de este escritor, político y prócer nacional.[9] Se hace patente su persistente referencia a lo desolador del desierto que circunda a los argentinos, así como también contrasta, en forma nada ocasional, la relación establecida por el autor entre clima, territorio y argentinidad. No obstante, en Sarmiento, la tensión entre civilización y barbarie será representada en una forma binaria y peligrosa, a diferencia de Estrada, su "heredero bastardo". La ciudad y el campo serán los representantes primarios de dicha tensión. Condena, irónicamente, Sarmiento en su *Facundo* diciendo: "¿Qué freno contendrá al salvaje argentino, que no conoce ese derecho de gentes de las ciudades cultas? ¿Dónde habrá adquirido la conciencia del derecho? ¿En la pampa?".[10] Así, la dicotomía que atraviesa toda la obra se nos va apareciendo bajo la forma de afirmaciones categóricas, alegorías fantasmales e ironías justicieras.

Lo errante y lo espontáneo aparecen ligados a aquella barbarie que podríamos denominar como primitiva, hecha carne en la figura del caudillo riojano, proveniente de los llanos –paradójico lugar que representa el sedentarismo de la misma forma que una carpa beduina lista para ser desmantelada–, Facundo expresa la barbarie en su forma intuitiva,

---

[8] Sarmiento, Domingo Faustino. *Facundo*, Buenos Aires: Losada, 2004, p. 67.

[9] Dispara Sarmiento: *"necesito también trazar la carta geográfica de las ideas y de los intereses que se agitaban en las ciudades". Ibid.*, p. 142.

[10] *Ibid.*, p. 206.

por momentos pasionaria, lista para ser descargada espasmó-
dicamente como un rayo irredento y fulminante. Rosas, en
cambio, vendría a ser la superación del anterior, donde lo que
era intuición e ira en el primero, deviene sistema y frialdad
en el segundo. Si bien el terror forma parte de las maniobras
que encuentra cada uno para dominar a su medio, lo que los
diferencia es el tipo de articulación de ese terror o miedo. Si
la imagen proyectada por Sarmiento de Facundo Quiroga
coincide con la de un soberano-criminal, que asesina cara a
cara, la de Rosas se asemeja más a un gobernante totalitario
que mientras toma mate desde su gabinete de gobierno ordena, a sus ciegos adictos, matar y morir.

Rosas, desde el otrora supuesto farol civilizatorio,
ubicado sobre los lindes del Río de la Plata, en lugar de
propagar y estimular el *instinto de progreso* –que Sarmiento
tanto veneraba– infunde el terror y gestiona la miseria y
la violencia a partir de un bloqueo fluvial porque "Buenos
Aires, en lugar de mandar ahora luces, riqueza y prosperidad
al interior, mándale solo cadena, hordas exterminadoras y
tiranuelos subalternos".[11] El caudillo es el regalo envene-
nado del interior argentino, y al mismo tiempo constituye
la venganza de una ciudad barbarizada. Porque erraron
quienes pensaban, como Dorrego, que el pueblo del interior
arrebataría para la Argentina toda, al puerto de Buenos
Aires; ya que la barbarie no vino a destruir la ciudad, sino
que mas bien llegó para administrarla a su modo. Afirma
Sarmiento en el Facundo: "Pero Buenos Aires se quedó
con la barbarie y el puerto, que solo a Rosas ha servido
y no a las provincias. De manera que Buenos Aires y las
provincias se han hecho el mal mutuamente sin reportar
ninguna ventaja".[12]

---

[11]   *Ibid.*, p. 63.
[12]   *Ibid.*, p. 154.

A pesar de que la Reina del Plata funcione como caja de resonancia barbárica, Sarmiento insiste y reafirma su fe en la causa que él denomina civilizatoria, ya que la ciudad es el único receptáculo posible de artes, escuelas, juzgados y ciencia: causa y efecto de todo "pueblo culto". La apuesta de Sarmiento, como educador autodidacta, consiste en hacer resurgir la gloria cegadora que hizo posible la revolución de 1810 ahí donde estalló: en Buenos Aires.

La sutileza del pensamiento de Sarmiento hace que éste –a pesar de su binarismo por momentos exacerbado– perciba a los más íntimos detalles como pequeñas trincheras de la lucha entre civilización y barbarie. De ahí que Sarmiento realice un estudio sociológico de las costumbres, hábitos e indumentaria, relacionando política y moda: "Toda civilización se expresa en trajes, y cada traje indica un sistema de ideas entero".[13] Considerando, además, que las ideas europeas se expresan en ciertas prendas perseguidas por los mazorqueros; siendo los colores parte de esta batalla, en la que cada tonalidad representa un bando, y donde la predominancia del colorado expresa el intento de "uniformar la opinión", de barbarizarla mediante el uso totalitario del terror y la brea. Será por ello que Sarmiento afirma el público conocimiento que se tiene de la guerra ensañada que ambos caudillos, el riojano y el Restaurador, desataron contra la moda y el frac.

Si algunos argumentan que la nobleza, como nosotros la entendemos, es un invento producto de la refracción shakesperiana, no sería un exceso afirmar que la potencia imaginaria de este pensador sudamericano era tal que la Argentina decimonónica no es más que una creación de la imaginación sarmientina. La Nación Argentina y el propio Sarmiento conforman una misma verdad.

---

[13] *Ibid.*, p. 161.

Aun considerando que Sarmiento fue el titán de la ensoñación, el más grande, como dispara Estrada, también fue el más perjudicial. Un negador de su tiempo, quien combatía contra éste, queriendo imponer su ideada y onírica realidad.

Ezequiel Martínez Estrada también podría inscribirse dentro de aquellas sociologías de las costumbres, considerando que si Sarmiento piensa con Tocqueville, el otro lo hará con Simmel, y sabiendo que aquellos pensamientos sarmientinos, que figuran desperdigados por el Facundo, en Estrada estarán condensados en la totalidad de sus grandes obras, como *La Cabeza de Goliat*. En este libro que versa, a grandes rasgos, sobre el vínculo entre la Capital y sus habitantes, en relación con el resto de la Nación y su historia, nos recuerda que lo que en Sarmiento era sutil y, a su modo, preciso, en Martínez Estrada se hace obsesivo y minucioso.

La mirada de Martínez Estrada hace foco ahí donde antes otros no pudieron más que caer en lo nuboso, ampliando lo observable hasta los lugares más pequeños e imperceptibles de la vida ciudadana y nacional. Esta agudización de la mirada estradiana es en parte deudora del legado sarmientino, diferenciándose claramente de éste debido a la disolución de las esperanzas puestas por Sarmiento en la ciudad como cuna civilizatoria, que en Estrada se ve mitigada por la decadencia nacional, con eje y culpa en Buenos Aires. Es desde este prisma que *La cabeza de Goliat* aborda sociológicamente a la ciudad desde todos los flancos posibles, abarcando una innumerable cantidad de personajes porteños, que motorizan y se *hospedan* en la otrora Santa María de los Buenos Aires: el chofer, quien es, según Estrada, el producto genuino de la sociedad maquinista y citadina; el vigilante, victima de nuestros excesos, caricatura de nuestros miedos; el poeta, según Estrada, el gran ausente en la ciudad debido a la voracidad de ésta, con respecto al primero y a todas las artes en general; el canillita, ágil gorrión que se empecina en abonar el pan que lo alimenta; el barrendero, héroe anónimo en vías de extinción, obrero de la salubridad y la pulcritud, y el joven snob, maniquí viviente, que piensa a partir conmutadores centrales, digitado según las ultimas modas que esconden su fealdad y deformidad física.

Resulta insoslayable vincular estas caracterizaciones con algunas realizadas por Sarmiento en su exilio chileno. El gaucho malo, el baqueano, el rastreador y el cantor, personajes que hacían a la época titánica que posibilitó al *Facundo*.

Los sentidos también forman parte de aquella ampliación del abanico perceptivo estradiano, siendo victimas atrofiadas de la urbe rioplatense. La "sordera de olfato", y el aplacamiento de los sonidos urbanos, devenidos simples y amorfos ruidos, hacen a la esterilización sensitiva que genera la capital argentina sobre los huéspedes que la habitan, quizás, sólo temporalmente.

Como ya venimos anticipando, en Estrada la tensión entre civilización y barbarie carece de la claridad tajante sarmientina. Si en el siglo XIX esta tensión se cristalizaba en la dicotomía "ciudad y campo", en el XX una de las tareas que emprenderá Estrada es la de raspar en la nervura civilizatoria, hasta encontrar los pequeños núcleos barbáricos desperdigados por la ciudad y la historia; mientras que Sarmiento, como marca Estrada, permanentemente crea oposiciones desde la propia dicotomía, ya que es él quien en el desierto explicó qué era la sociedad, y en la barbarie dijo qué era la civilización. La fidelidad que mantiene Sarmiento con lo real –como señala Saer– es inescindible de su pacto consigo mismo, ya que la propia realidad que percibe pareciera haber adquirido los rasgos constitutivos de su fascinante personalidad. Considerando que si el autor del *Facundo* dicotomiza es debido a que él mismo es un producto reactivo de la barbarie que denuncia, de la misma forma a nosotros se nos hace arduo y difícil pensar sin Sarmiento, porque incluso quien está en contra suyo, dice Estrada, lo está con respecto a él y en relación al mismo (lo mismo podemos aplicarlo al peronismo). Porque este constructor de horizontes –tan literarios como sus diarios de viaje y campaña– es un acontecimiento diagonal a la historia argentina, la atraviesa y recorre, haciéndonos parecer, momentáneamente, a nosotros mismos como las persistentes esquirlas de aquella decimonónica explosión argentina que lleva el nombre de Sarmiento.

No obstante –y siguiendo con lo escrito por Martínez Estrada– el autor del *Facundo* proyecta una visión de conjunto que pareciera no poder captar una relación de coexistencia entre las dos fuerzas supuestamente en permanente pugna. Dice Martínez Estrada en su *Radiografía de la pampa* que

> lo que Sarmiento no vio es que civilización y barbarie eran una misma cosa, como fuerzas centrífugas y centrípetas de un sistema en equilibrio. No vio que la ciudad era como el campo y que dentro de los cuerpos nuevos reencarnaban las almas de los muertos. (...) Los baluartes de la civilización habían sido invadidos por espectros que se creían aniquilados, y todo un mundo sometido a los hábitos y normas de la civilización, eran los nuevos aspectos de lo cierto y de lo irremisible.[14]

La barbarie quizás no sea más que la decepción propia de un soñador desencantado: el verdadero estado de salud de los gobiernos es el Estado de sitio, donde la arena solidificada embadurna en sequedad las oficinas estatales. La excepción es la norma, y todos los caminos conducen al desierto. El impulso vital de la Nación argentina en formación: obtener el gobierno del territorio en forma

---

[14]   Martínez Estrada, Ezequiel. *Radiografía de la pampa*, Madrid: Colección Archivos, 1991, p. 256.

soberana hasta donde sus fuerzas primigenias alcancen, hasta donde el coraje carnal motorizado se agote, ahí en el límite fronterizo de lo íntimamente desconocido.

De los indios solo queda un resto coagulado por la propia cicatriz de la derrota. Desperdigados en los confines de la patria, o licuados en la sangre de gran parte de los propios argentinos; abandonados y clandestinos, si no optaron por el exilio, se resignaron al formateo cultural y genético.

Si hay un monumento que dé fe de la antigua existencia del indio en nuestras tierras, ese es el ferrocarril. Ya que este no solo vino a eternizar el error y el gigantismo de esta decapitada y delirante cabeza viviente diseccionada por Martínez Estrada, sino que, además, terminó dando estructura férrea a la memoria del escape indio. Las paralelas cromadas que surgen desde la capital se dispersan en múltiples direcciones hacia donde el indio ya no esta, continuando con una vieja tradición argentina: la huida. Nuestros ancestros europeos vinieron escapando de Europa para que luego sus hijos huyeran persiguiendo a los indios en fuga. Mecanizamos el camino trazado por los soldados patrios y transformamos la línea, testigo del derrame y la guerra, en comercio y turismo. Poblamos guerreando en la huida de los Otros; y mientras los soldados devinieron estancieros, los generales fueron presidentes.

Martínez Estrada pretende destituir los tabiques que dividen en civilización y barbarie al campo y la ciudad, para distorsionar el límite entre ambos y desmantelar una antigua y arcaica dicotomía supuestamente primigenia. Los caudillos que encarnaban la rebeldía contra la civilización instituyente, a punto de organizarse, ya no están; y quizás tampoco la civilización que aquellos pretendían resistir. Los Godos se extinguieron y los bárbaros reencarnan y vigilan, mientras que los únicos salvajes serán los que vendrán: quienes hagan un nuevo uso de nuestras lúgubres y oscuras estaciones de trenes abandonadas.

III

> *Los fantasmas desalojaron a los hom-*
> *bres y la utopía devoró a la realidad.*
>
> Ezequiel Martínez Estrada

> *Y contra los fantasmas las balas caen*
> *como pelotillas de miga.*
>
> Ezequiel Martínez Estrada

El *Facundo* de Sarmiento es un territorio habitado por espectros, fantasmas de la vida argentina, toda una etología sudamericana. La perennidad del *Facundo* restituye la fatalidad de aquel destino sudamericano que acecha a quien busca lo que teme. La línea facúndica de la historia poscolonial argentina –línea político-militar– se condensa en Juan Manuel de Rosas como primer terror instituido. Facundo sigue siendo el denominador espectral de la historia argentina, organizador y legislador oculto, a la espera de la próxima reencarnación. Es un mito, mito negativo de las fuerzas bárbaras, dirá Estrada en uno de sus textos sobre el *Facundo*[15]. Solo se ven diferencias formales y no estructurales. Rosas no es una persona-humana sino una función-pública, *fijador espiritual obsesivo,* que provoca la inmovilidad político mental.

Las invariantes son fijadores históricos y sociales. Es un generador de forma y de civilización entre los campos y las ciudades, entre el país y el centro. Las invariantes provocan fuerzas sociales que se profundizan, siguen su flujo subterráneo, se hospedan y encapsulan en los centros vitales de

---

[15]   Martínez Estrada, Ezequiel. *Sarmiento, Meditaciones sarmientinas y Los invariantes históricos en el Facundo*, Rosario: Beatriz Viterbo, 2001, p. 188.

la vida institucional, enmascarando y provocando la decadencia. La dinámica propia de estos regímenes hace que sus instituciones funcionen, ligando y legitimando como fijadoras de una cierta voluntad de perpetuación, para que la máquina pueda funcionar sin su respectivo conductor. La iglesia, el ejército y la burocracia dan fe de aquello. He ahí, como ya fue señalado, la gran innovación del rosismo como primera colonia republicana. Estructura que se forma con la fuerza de los hechos mismos, no prevé un pacto o convenio que a su vez haga perpetuar las invariantes que con el pasar de los acontecimientos se perfeccionan. El Estado es Rosas, después será Perón. Como dice Estrada: "no sería absurdo decir que Rosas es el responsable directo de la idolatría a Perón"[16]. Si Rosas desperdigó la epidemia del miedo, Perón la capitalizó.

También Borges –como tantos otros de la misma tradición– verá el vínculo entre Rosas y Perón. Terror será uno de los nombres "encubiertos" para nominar lo innombrable. Monstruo será otro de ellos.

No obstante, y más allá de esta invariancia, el peronismo se constituye, para gran parte del antiperonismo de la época, como un verdadero y aparentemente definitorio transvalorizador de las costumbres argentinas. Si en Scalabrini Ortiz el peronismo será representado como el "subsuelo sublevado de la patria", en el Martínez Estrada del *¿Qué es esto?* será el sótano el que expresará a este complejo movimiento nacional. Lo que desde el peronismo podría ser corregido, probablemente, y siguiendo con la metáfora arquitectónica, se podría hablar de cimientos, lo que sostiene a la casa y lo une con la tierra (como la columna vertebral, en la metáfora anatómica). Sin embargo, puede

---

[16] Martínez Estrada, Ezequiel. *¿Qué es esto?*, Buenos Aires: Catilinaria, Colección Los Raros, Coedición Colihue y Biblioteca Nacional, 2005, p. 312.

que el sótano refiera, a su modo, lo que pretende explicar
Estrada. Es este soterrado ambiente subterráneo, pero
perteneciente a la casa, el que puede darnos un verdadero
diagnóstico de las condiciones de esta extraña vivienda que
es la Argentina. Es en el sótano que se pueden visibilizar
las goteras, los caños averiados, las grietas que en un futuro
no tan lejano pueden precipitar la caída de la vivienda o su
posterior derrumbe y abandono. Considerando también
que es en el sótano donde habitan los fantasmas y los
muertos, siempre al acecho.

Porque por otra parte es el libro *¿Qué es esto?* el que
será señalado por ciertos detractores del movimiento como
un libro peronista. Dado que, en parte, al señalar el grado
de resentimiento que subyace al peronismo, desde cierta
perspectiva, indirectamente se está justificando su arribo
a la plaza pública y hasta a la Casa de Gobierno nacional.
Porque al hacer semejante referencia del peronismo como
un movimiento de resentidos –análisis de impronta niet-
szcheana– no tan indirectamente como el propio Estrada
podía pensar, se justifica el peronismo como un efectivo
subsuelo sublevado de la patria.

Este nuevo movimiento es una promesa auto cumplida,
y también una venganza. Es la coronación dinamizada del
resentimiento argentino. Y si en el Facundo de Sarmiento
se percibe una intensa idealización, y hasta admiración,
por esos baqueanos pampeanos, o por aquel Facundo mi-
tológico que todo lo puede, el libro sobre el peronismo de
Estrada emana una cierta fascinación que a Borges no se le
pudo haber escapado. Una fascinación que quizás termine
explicando sus futuras simpatías por la revolución cubana.
Nuestro autor se fascina y teme, teme verdaderamente
porque si el miedo fue quien caló hondo en la argentina
naciente, en el peronismo vuelve a escena (si es que cedió
lugar a algún otro protagonista de la vida nacional, sólo
por un momento).

En este sentido el peronismo y sus fantasmas vienen a profundizar –y a darle la razón al Estrada de *La radiografía* y de *La cabeza de Goliat*– este manto difuso que indiferencia geográficamente una división entre civilización y barbarie. Si en el Estrada anterior al peronismo éste pasó a considerar a la barbarie de la civilización, si el desierto o la pampa entraron a la ciudad, con el peronismo vemos una activación superadora de aquella reactividad que atravesaba a la nación entera. Pero no hacemos aquí referencia a una masa disponible, ni a nada semejante (Gino Germani dirá, por su parte, que en la obra de Estrada no encontró sociología alguna). En la Argentina de la década del '40 presenciamos una nueva reencarnación, pero bajo nuevas máscaras y mediante ritos renovados. Aquella reactividad dispersa no es más que un muerto que busca ser resucitado, unos huesos que procuran su carne originaria bajo una nueva piel. Porque "de los huesos saldrá carne", decía otro profeta, también de nombre Ezequiel.[17]

Si hay algo del peronismo que intriga a Estrada –como a Sarmiento de Rosas–, no es el carácter supuestamente arcaico que tiene el movimiento, sino justamente lo que tiene de moderno, lo que tiene de revolución congelada y lo que tiene de genéticamente nuestro –no primitivo sino primigenio; promesa actualizada, fatalidad ineludible–.

La evolución argentina a los ojos de Estrada puede leerse como una historia del miedo, primero miedo a la edad moderna en la península ibérica, luego miedo al indio, miedo a Rosas, a poseer, a los vecinos y al indio nuevamente. Todos unidos formamos ciudades temiendo cada cual a su respectivo perseguidor. En el siglo XX no sólo seguiríamos temiendo, sino que los miedos fosilizados se solaparían estratificándose en las ciudades. De ahí la

---

[17]   Nos referimos aquí al profeta Ezequiel del Antiguo Testamento.

política y arqueológica necesidad de la vivisección analítica de la historia argentina.

Estrada, anti-peronista solitario, o a-peronista, transita su historia presente sin caer en la necedad de aquellos denominados gorilas. De ahí su implícita soledad a la hora de escribir, llegando a afirmar que se considera más lejos de los detractores del líder bárbaro *césaropapista* –Perón– que del propio movimiento popular. Es por ello que plantea no tener una tercera posición en dicha disputa, postulándose, lugonianamente, como un combatiente de las alturas contra la restauración en regla de la vuelta de la barbarie colonial.

La nación se ve prostituida y quilombificada por la pornocracia regentada desde la Casa Rosada. Por lo tanto, el peronismo viene a ser una verdadera transvalorización de los valores, siguiendo al Nietzsche de *La genealogía de la moral*, poniendo lo superior abajo y lo inferior arriba.

La esperanza como dominio futuro fue percibida en la *Radiografía de la pampa* en 1933, olfateando a un insípido peronismo aún inexistente. Ahí se explica a qué se refiere Estrada en el *¿Qué es esto?*, al decir que Spinoza no significa nada para los partidarios del general Perón. No obstante, Estrada no es reticente a toda esperanza. Para nuestro autor calza bien aquella frase que postula que "el escepticismo es el principio de toda fe" –de ahí también se desprende su posterior estadía cubana–. La errancia estradiana va desde Lugones hasta el Che Guevara, desde las oscuras oficinas del Correo estatal hasta el fugaz eclipse colectivo de la revolución cubana.

Cuando lo profundo se hace piel, la sedimentación de peligrosas toxinas internas puede ser contagiosa; deben ser transcriptas en obras que muy probablemente no serán leídas. Decía Ezequiel Martínez Estrada, en la *Radiografía de la pampa*, que algunos hacen la historia, otros la padecen y nosotros, los argentinos, la escribimos. Si no puede ser de otro modo, mejor así: peor para los lectores.

Ilustrando la ciudad centrípeta. "¿Vale la pena?": El imaginario urbano del 1900[18]

Margo Bistis

Una ilustración aparecida en un número de la revista *Life* de 1909 formula a los neoyorkinos la siguiente pregunta: "¿Vale la pena?" (figura 1). En la parte superior de una ilustración con múltiples paneles está *uptown*: un entorno estable, semi-urbano, regulado por dos corpulentos policías. Descendiendo la página hacia *downtown*, estalla el infierno. El tiempo se acelera, el espacio se comprime y fractura, mientras vehículos y cuerpos colisionan en líneas de fuerza que se dirigen hacia un centro. En el panel inferior de la página, los dos policías se encuentran barriendo, removiendo cadáveres y escombros desparramados tras el paso del trolebús eléctrico. Peatones heridos se arrastran hacia una farmacia, mientras que una solitaria figura masculina hace flamear una bandera en un fútil gesto de desafío.

La Nueva York de la oscura ilustración es la densa metrópolis del cambio de siglo, que llamo la "ciudad centrípeta" de la alta modernidad. Pertenece a la plétora de imágenes que comentan la vida de la gran ciudad. "La prensa ilustrada", como el historiador Ben Singer ha notado,

ofrece una particularmente rica traza de la fijación de la cultura con los asaltos sensoriales de la modernidad. Cómics y diarios sensacionalistas escrutaban el caos del entorno

[18] Traducido por Martín Plot. Este ensayo es parte de *The Imaginary 20th Century*, una novela multimedia, de próxima aparición, escrita por Norman Klein y curada por Margo Bistis.

moderno con un alarmismo distópico que, en una gradación variable, caracterizaron mucho del discurso de época
sobre la vida moderna. Muchas tiras cómicas representaban el nuevo paisaje de oferta comercial como un tipo de
estímulo horrible y agresivo. Otros, presentando densas y
caóticas turbas de peatones, incisivamente ilustraban... la
sugerencia benjamineana de que "el miedo, la revulsión y el
horror eran las emociones que la masa de la muchedumbre
de la gran ciudad despertaba en aquellos que la observaban
por primera vez".[19]

Pero estas no eran las únicas emociones. Especialmente
hacia los primeros años del siglo XX, las ciudades capitales
de occidente provocaron una gama más amplia de respuestas emocionales e imaginativas que Benjamin y otros
estudiosos de la modernidad han indicado. El "alarmismo
distópico" no era más típico de la ilustración urbana hacia el 1900 de lo que lo era el humor ligero y descuidado.
Hasta imágenes de desastres urbanos podían presentarse
con liviandad.

Dejando atrás dicotomías de utopía y distopía, este
ensayo explora la gama de respuestas a la ciudad centrípeta
con todos sus horrores, placeres y problemas. En vez de
buscar ocultos discursos sobre la modernidad, concentraré
mi atención en las ilustraciones mismas. Quiero saber cómo
los artistas imaginaron, técnica y culturalmente, el espacio
urbano; qué alternativas propusieron; y qué conclusiones
históricas sobre la ciudad centrípeta pueden extraerse de un
cuidadoso análisis comparado de su trabajo. Fundamental
pero no exclusivamente extraídas de fuentes estadounidenses, la selección de chistes y viñetas dibuja una coreografía
del teatro visual del imaginario urbano hacia 1900, cuyas
raíces se hunden en el siglo XIX.

---

[19]   Singer, Ben. "Modernity, Hyperstimulus, and the Rise of Popular Sensationalism," en Charney, Leo y Schwartz, Vanessa (comps.). *Cinema
and the Invention of Modern Life*, Berkeley, 1996, p. 75.

Caricaturas animadas de la ciudad del siglo XIX llenan las páginas de libros ilustrados victorianos y revistas
de circulación masiva como *Harper's Weekly*, *Punch* y *La
Caricature*. Como si fueran panoramas, que, como nota
Jennifer Tucker, eran "escenas y paisajes urbanos, usual-
mente desde una perspectiva de ojo de pájaro", estas imágenes "expresan la fascinación victoriana con la pintura
de 'gran perspectiva', con los elementos característicos
del realismo estético, la escala física y la búsqueda de la
verosimilitud".[20] Típicamente, presentan la ciudad como
un jovial mundo de muchedumbres que puede devenir en
violencia en cualquier momento. Una abundante humanidad fluye por la calles de Londres en la festiva imagen que
George Cruikshank ofrece de la entrada a la *Crystal Palace
Exhibition* de 1851 (figura 2). Del mismo modo, la profundi-
dad espacial y el amplio flujo de movimiento caracterizan a
un dibujo de Gustave Doré de la congestionada vía pública
londinense de 1872 (figura 3). La escena caricaturezca de
la vida urbana y sus coloridos personajes sociales usa un
dispositivo visual común a la caricatura del siglo diecinueve.
El resaltado de la figura principal acrecienta el elemento
de realismo, mientras que el espectador retiene la posición
estable de quien observa. En 1882, el caricaturista francés
Luis-Robert Tinant utilizó el dispositivo para enfatizar el
espectáculo callejero; en este caso, uno de los modernos
boulevards del "Nuevo París" (figura 4). Para cada uno
de estos artistas, el "teatro urbano" era esencialmente un
tumulto, pero tranquilamente observado por un ojo de
pájaro sobrevolando la escena. La preponderancia de la
perspectiva aérea en las ilustraciones victorianas debe ser
entendida en el contexto de las asociaciones culturales

---

[20]   Tucker, Jennifer. "Voyages of Discovery on Oceans of Air: Scientific
       Observation and the Image of Science in an Age of 'Balloonacy'", en
       Osiris, 2da serie, vol. 11, 1996, p. 157.

entre ciudad y levantamientos políticos. Lo jovial puede fácilmente devenir descontrolado.

Estas asociaciones continuaron impactando la imaginación de los artistas del cambio de siglo, cuando el anarquismo y el movimiento sindical internacional amenazaba el orden político burgués. Si revisitamos el dibujo de Young, veremos una transformación "futurista" del tumulto, gruesas líneas de fuerza moviéndose hacia el centro reemplazan la energía giratoria de la calle jovial. Socialista neoyorkino y miembro de una organización anarquista, Young no provee ningún resguardo visual o punto estable por fuera del caos; es una visión completamente mecanizada de la existencia urbana en la que la ciudad cesa de ser un espectáculo.

A pesar de ser más tradicional en el uso de la perspectiva, Harry Grant Dart también abandonó el ilusionismo representacional de los paisajes urbanos victorianos. Quizás no haya ilustración que con más ferocidad exprese los sentimientos anticapitalistas de los artistas estadounidenses durante la Época Dorada que "Algo por nada: El juego nacional", de Dart, dibujada en 1900 (figura 5). Los signos de la especulación financiera empapelan las calles y embadurnan las paredes de los edificios neoyorquinos, mientras que una turba angurrienta y crédula desborda alocadamente en todas direcciones. Dart dramatiza el triunfo de la máquina capitalista y su potencial de autodestrucción, constituyendo un sombrío comentario sobre el sueño americano. "La América pintoresca" (figura 6) es un país en el que "ningún espacio es sagrado" y donde las actividades no económicas y los valores han cesado de existir. El "pájaro" de la "América pintoresca" es una criatura ansiosa cuyo vuelo se ve frustrado por la expansión de la señalización comercial. Publicada en 1908, esta imagen relativamente estática de la actividad rutinaria de un día cualquiera en Nueva York ofrece una metáfora visual de lo que el sociólogo alemán Georg Simmel había definido unos años antes como "la hipertrofia de la cultura objetiva", en la que "el individuo es reducido al rol de una mera cantidad insignificante (...) Un mero eslabón en una enorme organización de cosas y poderes que saca de sus manos todo progreso, espiritualidad y valor".[21]

Imaginar ciudades alternativas era también una respuesta a lo que muchos artistas percibían como las fuerzas deshumanizantes y desestabilizantes de la ciudad centrípeta. La versión de Dart (figura 7) tiene una curiosa apariencia *retro* –lo que quizás sea un indicio de la influencia del ilustrador francés Albert Robida–. Con sus figuras curvilíneas, "La primera auténtica imagen del planeta Marte, mostrando a sus habitantes como una raza de seres refinados, inteligentes y cultivados" (1911) emula la estética *art nouveau* desarrollada por Robida en su popular novela de ciencia ficción de 1884, *El siglo veinte* (figura 8). Curvando sus formas, el *art nouveau* humaniza la ciudad. Rellenitos y pacíficos marcianos deambulan por un espacio voluptuoso, vagamente reminiscente de las ferias mundiales. Son turistas en su propia ciudad, imaginada como un placer decorado con curiosidades étnicas como el vendedor de frutas judío ofreciendo "bananas perfectamente frescas". A pesar de haber sido un prolífico ilustrador durante los años '10, Dart sigue siendo una figura oscura en la historia de la caricatura estadounidense. De todos modos, su visión turística de la vida en una ciudad marciana sugiere que su sentimiento anticapitalista no se tradujo en una simpatía por el socialismo. Esta posición ideológica parece haber sido generalmente correcta para los artistas que contribuían en *Life*. Sus ciudades alternativas eran muchas veces fantasías

---

[21]   Simmel, Georg. "The Metropolis and Mental Life", en Frisby, David y Featherstone, Mike (eds.). *Simmel on Culture*, Londres, 1997, p. 184.

burguesas de una u otra índole, algunas más explícitamente políticas que otras.

Un ejemplo de esto último es "Excluida: Cuando la mujer tenga derecho a voto" (figura 9), un dibujo de 1911 de W. Harrison Cady. Allí, la ciudad de horribles placeres de la izquierda sufre una transformación "feminista" hacia la derecha. El sufragio igualitario reina sobre el capitalismo y la masculinidad desenfrenada, domesticados por las plazas públicas y las instituciones cívicas. Inspirada en el movimiento "Ciudad bella" del cambio de siglo, que tuvo su debut en la feria mundial de Chicago de 1893, la visión que Cady tiene de la ciudad del futuro muestra la influencia del pensamiento progresista acerca del rol del planeamiento urbano en la reconstrucción de la ciudad centrípeta. Un feminismo y un movimiento modernista que, como nota Leslie Topp, imbuyó a la arquitectura con "objetivos sociales redentores" y que se unifica en un drama visual del bien contra el mal y de utopía contra distopía.

Las propuestas más radicales de "redimir" a la ciudad centrípeta involucraron fantasías arquitectónicas, y el rascacielos fue su versión más conocida. En 1978, Rem Koolhaas notó un remarcable descubrimiento sobre esta icónica forma de la modernidad.[22] El rascacielos, dice el arquitecto holandés, hizo su primera aparición, no en las páginas de revistas de arquitecturas del cambio de siglo sino en *Life*, más específicamente, en el suplemento inmobiliario del número de marzo de 1909. La ilustración de A. B. Walker (como Dart, una figura oscura) muestra casas, de variados estilos tradicionales, apiladas en un marco abierto de rascacielos (figura 10). La leyenda dice: "Compre una cálida casita en nuestros lotes construidos en acero, menos de una milla arriba de Broadway. A sólo diez

---

[22] Koolhaas, Rem. *Delirious New York*, Nueva York, 1994.

minutos por ascensor. Todas las comodidades del campo sin ninguna de sus desventajas". Nubes de humo flotan a través del edificio, cuyo diseño neutraliza con efectividad las amenazantes y desorientadoras líneas de fuerza de la ciudad centrípeta. Los sitios aéreos mismos no tienen referencias de la misma; un contorno urbano miniaturizado apenas asoma a través del último nivel visible del edificio. El dibujo de Walker, sugiere Koolhaas,

> es en realidad un teorema que describe la performance ideal del rascacielos (...) Cada uno de estos niveles artificiales es tratado como un sitio virgen, *como si los otros no existiesen*, para establecer un espacio estrictamente privado alrededor de una solitaria casa de campo y sus instalaciones accesorias, como el establo, las cabañas de los sirvientes, etc. (...) La 'vida' dentro de este edificio es, así, fracturada: en el nivel 82 un burro aparece de la nada, en el 81 una pareja cosmopolita saluda a un avión. Lo que ocurre en cada piso está tan brutalmente disociado de los otros que no pueden concebiblemente ser parte del mismo escenario (...) El edificio es un montón de privacidades individuales.[23]

Edificios de departamentos de una milla de altura, ciudades aéreas, casinos en las nubes, todas estas fantasías habían sido imaginadas por artistas europeos y norte y sudamericanos mucho antes de 1909 (figuras 11 y 12). Neurasténicos urbanos, desbordados por la incesante descarga de estímulos de la ciudad centrípeta, habían hecho su debut antes que Simmel teorizara la "personalidad *blasé*" de la metrópolis.[24] Una tira alemana, aparecida en una revista humorística de Bavaria en 1888, presenta una comedia carnavalesca de "Nervios" (figura 11). Vías que se cruzan enmarcan la imagen de la parte superior, mientras que una mezcla bizarra de personajes urbanos y rurales expresan su

---

23   *Ibid.*, p. 82, 85.
24   Simmel, Georg. *Ibid.*, p. 178.

nerviosismo. Un niño suicida en la parte inferior derecha completa el drama. El mismo año que Simmel publicó el ensayo "Metrópolis y vida mental" (1904), el artista argentino Benjamín Villalobos esbozó a la persona *blasé* de Buenos Aires, vibrando en su sueño por una cacofonía de sonidos urbanos (figura 12). "¡Qué bochinche!", comienza diciendo la leyenda, que prosigue describiendo el coro de ruidos callejeros que entran en la casa.

Pero Koolhaas hace bien en enfatizar la asombrosa singularidad del dibujo de Walker presentando un anuncio inmobiliario. Quizás lo que, en realidad, él encuentra de interesante en el diseño sea el balance inusual que éste logra establecer entre un espacio socialmente estriado –característico del urbanismo moderno– y el "espacio liso" –característico del urbanismo posmoderno–. En *Mil mesetas* (1980), Gilles Deleuze y Félix Guattari definieron los principios que diferencian el espacio estriado del espacio liso, que existen en la sociedad moderna como un continuo,

> con el estriado progresivamente tomando posesión (...) En el espacio estriado, uno clausura una superficie y la "asigna" de acuerdo con intervalos determinados y cortes específicos; en el liso, uno se "distribuye" en un espacio abierto, de acuerdo con frecuencias y durante el momento que uno los cruza.[25]

El aislado edificio de Walker, emergiendo por sobre la Nueva York centrípeta, exhibe ciertamente la espacialidad defensiva de la superposición de capas de las ciudades del modernismo que, en su mejor versión, infunden la asignación de espacio con una ironía pícara (figura 13) y, en su peor versión, con un autoritarismo a-la-Le Corbusier (figura 14). De todos modos, me gustaría sugerir que la

---

[25] Deleuze, Gilles y Guattari, Félix. *A Thousand Plateaus, Capitalism and Schizophrenia* (Trad. Brian Massumi). Minneapolis, 1987, p. 481.

estructura que llenó a Koolhaas de inspiración crítica es principalmente un espacio indeterminado "liso", al servicio de la distribución de "privacidades individuales" desconectadas. Para deleite de Koolhaas, "el diagrama incluso sugiere fuertemente que la estructura es un todo exactamente en la medida en que la individualidad de las plataformas es preservada y explotada, que su éxito deber ser medido por el grado en que la estructura enmarca su coexistencia sin interferir en sus destinos".[26] Otra ilustración futurista de Walker de 1907 provee una mayor confirmación de la sensibilidad esencialmente suburbana del artista. En "Oh, no, no son mosquitos de Jersey, son sólo visitantes [*commuters*] de Jersey" (figura 15), el tumulto se ha convertido en un enjambre de habitantes suburbanos leyendo el diario de la mañana mientras Manhattan permanece inerte e impávida debajo de ellos. Revirtiendo el vuelo de pájaro de las ilustraciones urbanas victorianas, los *commuters* de Nueva Jersey vuelan hacia el observador, casi entrando en su propio espacio.

Varios de los artistas de *Life* usaban dispositivos visuales que, en efecto, registran la atención propia de involucrar al observador para completar la imagen. Pintores modernistas como Édouard Manet hicieron lo mismo en el siglo XIX. La famosa "mirada" de la modelo femenina de Manet, Victorine Meurent, problematiza el acto de mirar en formas que los críticos del pintor y las audiencias encontraron profundamente perturbadoras. Sin ser la "mirada confrontacional" de Olympia, la figura central de "Cuando los ciclistas tengan sus derechos" mira hacia fuera del dibujo, en dirección del espectador (figura 16).[27] Con aire desinteresado y como si nada inusual estuviese ocurriendo,

---

[26]   Koolhaas, Rem. *Ibid.*, p. 85.

[27]   Locke, Nancy. *Manet and the Family Romance*, Princeton, 2003, p. 95.

el corpulento policía reconoce la presencia del espectador. La perspectiva a la altura del suelo acrecienta la sensación de inmersión, con el espectador asumiendo la posición de testigo de la escena del accidente. Los paseantes de moda a la distancia, incluyendo una mujer solitaria, permanecen ajenos. Una amplia y verde vegetación en el fondo incrementan aún más la ironía: caos en el medio del bucólico *upper* Manhattan.

Una ilustración más temprana de 1892 comunica un mensaje similar. "La quinta avenida en la tarde. La idea neoyorquina de una calle de placer" (figura 17), de W.A. Roger, muestra paseantes que, como escribe Martha Banta en su libro sobre la caricatura estadounidense, "pasan despreocupadamente por la más elegante avenida de la ciudad, indiferentes al asalto masivo del transporte público".[28] Ambos dibujos dejan que el espectador desentrañe las extrañas y contradictorias dinámicas de la vida urbana. "A *Life* le gustaba expresar la noción (básica)", observa Banta, "de que la rara naturaleza de la existencia moderna es tan familiar que su extrañeza permanece sin ser reconocida por la gente que la absorbe".[29]

Quizás la viñeta urbana más elegante representando estas percepciones crecientemente comunes sea "Viernes trece" de Rea Irvin, publicada en 1913 (figura 18). Múltiples accidentes simultáneos tienen lugar tras el paso de una gata negra y sus trece cachorritos, mientras un algo siniestro *flâneur*, mirando hacia el espectador, camina hacia afuera de la imagen. El espacio mismo es trazado en un patrón de grilla, bifurcado por una línea zigzagueante de felinos, emulada por una soga en forma de garabato sosteniendo un cajón fuera de control, a punto de estrellarse contra

---

[28]   Banta, Martha. *Barbaric Intercourse: Caricature and the Culture of Conduct, 1841-1936*, Chicago, 2003, p. 120.

[29]   *Ibid.*

un hombre mayor de barba, que permanece indiferente tanto a los gatos cruzándose por delante como a la víctima aplastada bajo el pasaje. A pesar de ser una imagen chata, tipo poster, el dibujo transforma exitosamente las líneas de fuerza de la ciudad centrípeta en un diseño gráfico.

A pesar de que "Viernes trece" contiene muchos de los mismos elementos –choques, explosiones, peatones volando y víctimas aplastadas– que los dibujos de Young que sirvieron para abrir la discusión, el imaginario urbano que ofrece es muy diferente. Este es una visión decorativa en la que la ciudad no es ni un espectáculo ni una máquina, sino un ornamento. Hacia el cambio de siglo, Irvin se hizo famoso por su humor irónico y dibujos elegantes inspirados por la caligrafía china. Entendiblemente, en los '20, el ex editor de *Life* crearía el pulcro estilo visual art deco de *The New Yorker*.

Este imaginario urbano "ornamentalista" también puede ser encontrado en el trabajo de W. Harrison Cady, mejor conocido como ilustrador de animales para historias de niños. Una técnica delicada de sombreado sugiere un elemento fantástico a una escena de accidente de tránsito en el Puente de Brooklyn (figura 19). La vista casi escultural de los cuerpos y objetos destrozados cayendo de la imagen contrasta con el orden rectilíneo del tráfico de barcos abajo en el puerto. A la pregunta formulada por el dibujo de Young, "¿Vale la pena?", el afligido grupo de "brooklynianos" hubiese respondido con alegría: "¡Por supuesto!".

El espectáculo, la máquina y el ornamento: tres distintos imaginarios urbanos creados por artistas populares de la era victoriana durante el cambio de siglo. En este ensayo, me concentré en las mutaciones visuales del tumulto, la idea central de estos imaginarios y de sus contextos culturales. Pero ¿qué significación tienen estas mutaciones para nuestra comprensión de la ciudad centrípeta? Creo que es claro que las experiencias, impactantes y contradictorias, de la vida de la gran ciudad hacia el cambio de siglo no se prestaron a un lenguaje visual anclado en el espectáculo. El pájaro que sobrevolaba los paisajes urbanos victorianos no podía volar en los deshumanizados espacios mecanizados de la América capitalista. La perspectiva ilusionista de la Gran Pintura no podía traducir las líneas de fuerza de una ciudad que se había convertido en una realidad "subjetivista" más que espectacular. La ciudad centrípeta requería de un nuevo lenguaje derivado de la cultura de la máquina, por un lado, y de la cultura del diseño, por el otro. La máquina y el ornamento, tan frecuentemente contrapuestas la una contra el otro en el discurso modernista oficial, ayudaron a generar el popular teatro visual urbano del 1900.

Figura 1 Art Young, "New York City: Is It Worth It?," *Life*, 6 de mayo de 1909.

Figura 2 George Cruikshank, "London in 1851," en *1851, o The Adventures of Mr. and Mrs. Sandboys and Family*, por Henry Mayhew y George Cruikshank, 1851. Reproducida por autorización de la Huntington Library, San Marino, California.

A CITY THOROUGHFARE.

Figura 3 Gustave Doré, "A City Thoroughfare," en *London: A Pilmgrimage* por Gustave Doré y Blanchard Jerrold, edición de 1890. Reproducida por autorización de la Huntington Library, San Marino, California.

Figura 4 Louis-Robert Tinant, "The Modern Traffic Jams of Paris," *La Cari-cature*, 23 de mayo de 1885.

Figura 5 Harry Grant Dart, "Something for Nothing: The National Game," *Life*, 28 de julio 1900.

Figura 6 Harry Grant Dart, "Picturesque America," *Life*, 18 de junio de 1908.

FIRST AUTHENTIC PICTURE FROM THE PLANET MARS

SHOWING THE INHABITANTS TO BE A REFINED, INTELLIGENT AND HIGHLY CULTURED RACE

Figura 7 Harry Grant Dart, "First Authentic Picture From the Planet Mars, Showing the Inhabitants to be a Refined, Intelligent and Highly Cultured Race," *Life*, 18 de mayo de 1911.

Figura 8 Albert Robida, "A Modern-Style Street," en *Les maitre de la caricature*, ed. Lucien Puech, 1902.

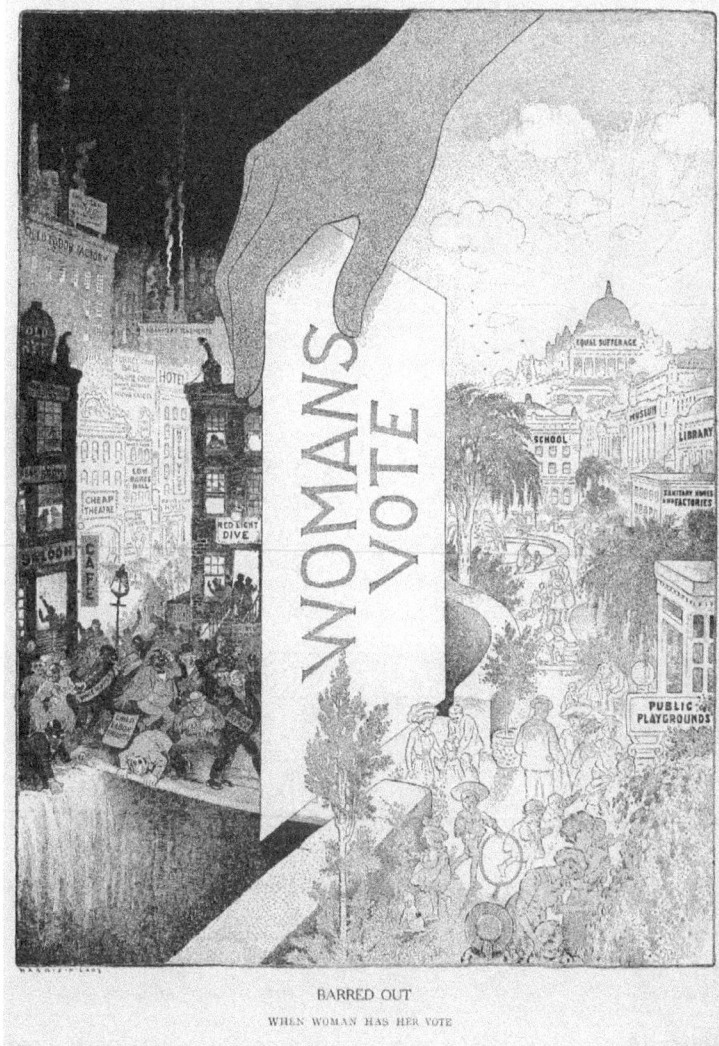

Figura 9 W. Harrison Cady, "Barred Out: When Woman Has Her Vote," *Life*, 16 de octubre de 1913.

Figura 10 A.B. Walker, "Buy a Cozy Cottage in Our Steel Constructed Choice Lots, Less Than a Mile Above Broadway," *Life*, Número inmobiliario, marzo de 1909. Reproducida por autorización de la Huntington Library, San Marino, California.

Figura 11 "Nervous," *Fliegende Blätter*, 1888.

Figura 12 Benjamín Villalobus, "¡Qué bochinche! ¡Qué barullo! ¡Qué batuque! ¡Qué balumba! El silbato, la sirena, la bocina, la campana; lo que grita, lo que ruje, lo que estalla, lo que zumba, lo que ronca, y que retumba, nos fastidia, nos desvela, nos obliga a madrugar, nos obliga a levantarnos a las tres de la mañana, ¡qué agradable despertar!" *Caras y Caretas*, 23 de julio de 1904.

SECTIONAL VIEW OF A NEW YORK STREET

"NOT YET, BUT SOON"

Figura 13 "Sectional View of a New York Street," *Life*, 27 de agosto de 1908.

L'AVENUE DES MAISONS-TOURS. — Un extraordinaire projet pour resoudre la question de l'habitation dans la région parisienne.
Composition de Jacques Lambert, d'aprés les esquisses de l'architecte Auguste Perret.

Figura 14 Jacques Lambert, de acuerdo con los borradores del arquitecto Auguste Perret, "The Avenue of the House-Towers," *L'Illustration*, 12 de agosto de 1922.

IN THE FUTURE

OH, NO, THEY ARE NOT JERSEY MOSQUITOES; ONLY JERSEY COMMUTERS

Figura 15 A.B. Walker, "In the Future: Oh, No, They are not Jersey Mosquitoes; Only Jersey Commuters," *Life*, 11 de abril de 1907.

GLIMPSES INTO THE FUTURE.
GLIMPSE X.
FIFTH AVENUE SIX MONTHS HENCE, WHEN THE BICYCLIST SHALL HAVE HIS RIGHTS.

Figura 16 "Fifth Avenue Six Months Hence, When the Bicyclist Shall Have His Rights," *Life*, 23 de marzo de 1899.

Figura 17 W.A. Rogers, "Fifth Avenue in the Afternoon. New York's Idea of a Pleasure Street," *Life*, 1 de diciembre de 1892.

FRIDAY, THE THIRTEENTH

Figura 18 "Friday, the Thirteenth," *Life*, 6 de febrero de 1913.

Officer (at top of Bridge, excitedly): CAN YEZ HANG ON DOWN THERE WHILE I GET HELP?
Mr. Straphang: CERTAINLY! WE'RE ALL FROM BROOKLYN.

Figura 19 W. Harrison Cady, "*Officer (at top of Bridge, excitedly)*: Can Yez Hang on Down There While I Get Help? *Mr. Straphang*: Certainly! We're All From Brooklyn," *Life*, 11 de febrero de 1909.

Modernización y espectacularización urbana de la política. Nueva York – Buenos Aires

Daniel Mundo

I. La capital del Siglo XX

No hay en este mundo una ciudad cuya realidad se parezca tanto a su imagen cinematográfica como Nueva York. La atmósfera de sus historias confunde el plató cinematográfico con las mismas calles de la ciudad, hasta el punto de que muchas veces recordar Nueva York no es más que recordar las imágenes que se filmaron de ella. Sus grandes poetas en realidad son directores de cine.

Cuando desplazó a París como centro del universo artístico, a mediados del siglo XX, amalgamó contradicciones fundamentales que en la modernidad habían florecido como irreconciliables.[30] Universalidad y singularidad, inclusión general y exclusión estructural, servirían como grandes

---

[30] No es ninguna novedad afirmar que la modernidad, en su intrincado proceso de transformaciones, trastornó todos los órdenes, el político, el económico, el filosófico, el artístico. Las ideologías modernas, gran parte de las cuales fueron pergeñadas a lo largo del siglo XIX –liberales, socialistas, anarquistas, comunistas– aún dominan el imaginario. No estoy seguro de que así sea con los conceptos que rubricaron esa época: proletariado, burguesía, lucha de clases. Las condiciones económicas que caracterizaron la modernidad, y los cambios en los regímenes de vida que impusieron, son la marca distintiva de esta civilización tecnocrática, racionalista, instrumental, hedonista; o el papel liberador del arte y la figura del artista como un individuo independiente, autónomo, contestatario, dominaron la imaginación del siglo XX –y aún lo hacen, cuando todo, salvo nuestros deseos volátiles, ha cambiado–.

paradigmas que muestran las contradicciones insupera-
bles que trae consigo la modernización. Paradójicamente,
Nueva York –una ciudad alejada de cualquier estruendo
de violencia, por lo menos hasta el 2001– fue uno de los
epicentros donde esta modernización confluyó, el lugar
donde las fuerzas centrífugas se concentraron luego de
la catástrofe de la Primera Gran Guerra. Pero en Nueva
York no se percibe la tensión que debió de suponer esta
reconciliación de contrarios, como si la reconciliación se
hubiera producido de modo natural: el *Central Park*, por
ejemplo, da la impresión de ser una especie de parque
eterno, no sólo porque niegue su historia,[31] sino porque
además la consuma: sus frutos más preciados son el *MET*
o el *Zoo*, centros de concentración y exhibición de cosas
–cuadros, animales– que están a punto de desaparecer, o
de mutar en una nueva significación.[32]

Tal vez sea el carácter insular de Manhattan el responsable de esa sensación de *integración social natural*
que se vive en sus calles. Las cortas calles que separan
Wall Street de *Chinatown* o del *Soho*, o hasta de *Greenwich
Village*, evidencian la plasticidad de la ciudad, pues los
fuertes contrastes entre un barrio y otro se van matizando
como en un degradé en el que directamente la arquitectura y las calles se encastran unas en otras. Entre otras
contradicciones, Nueva York neutralizó una diferencia

---

[31]   Pocos de los que lo disfrutan posiblemente saben de la expropiación
de tierras que supuso su armado, pues a comienzos del siglo XIX había
varias poblaciones en esos terrenos que alojaban alrededor de 1600
personas, pequeñas comunidades de afroamericanos libres y de inmigrantes alemanes e irlandeses.

[32]   En una nota que publicó el diario *Clarín*, en la que informa sobre el uso
de los museos de París, se afirma que los espectadores no se detienen
más que un minuto, a lo sumo, frente a los cuadros. Salvo algunos, que
son las atracciones centrales. ¿Qué y cómo se consume en el museo? Y
también, ¿qué se lee en esta nota periodística?

fundamental para la modernidad, y no sólo para la modernidad: la diferencia insuperable entre lo que es ficción y lo que es realidad. En este sentido, Nueva York parece un simulacro verdadero: una ciudad de ensueños en la que se vive –y se vive bien– creyéndose ser algo que no se es, o que psicológicamente nunca puede saberse que se es. Pero esta contradicción existencial no provoca cargos de conciencia, dudas o remordimientos. Cuando Lionel Dobie (Nick Nolte) –el pintor "poseído" de *Apuntes al natural*, el cortometraje de Martin Scorsese en *Historias de New York*– le espeta a una anonadada Paulette (Rosanna Arquette), en el instante de supuesto vértigo en el que ésta lo amenaza con dejarlo, que Nueva York es la única ciudad en la que ella podrá descubrir lo que es, que Nueva York es "*la* ciudad", lo que le está diciendo es, por un lado, que su valía artística depende del aplauso que le propicien los críticos de Nueva York; por otro, que su yo lleno de dudas y vacilaciones sólo podrá clarificarse en la ciudad en la que todos buscan el reconocimiento de los otros, como en un universo cortesano expandido. Le está mintiendo, igual. El secreto es que no hay verdad auténtica que aclare la confusión. Y si en esta historia le está mintiendo –en su egocentrismo no tolera el rechazo–, la mentira con la que la engaña también es verdad: el gran artista es un "pobre tipo" tan solo como cualquier otro.

En todo caso, Nueva York era *ese* lugar en el que uno se encontraba, o tomaba por fin conciencia de lo que sería. Una década antes, Francine Evans (Liza Minnelli) ya había cantado ese saber en otra película de Scorsese, *New York New York*: "Quiero despertar en la ciudad que no duerme/ para descubrir que soy el rey de la montaña/ el primero en la lista/ el mejor entre los mejores". Nueva York se había convertido en el barómetro de lo que valía la pena apreciar, y sus críticos literarios, cinematográficos o de arte, en los jueces que regulaban las cotizaciones en el mercado cultural. Ese mercado, en buena medida, deglutió las obras que se comercializaban en él. Y produjo una nueva voz irrebatible: la del crítico de arte, cuya encarnación se llamó Clement Greenberg.

Entre muchas otras cosas que podemos decir que fue Nueva York, ésta fue el casino donde se jugó el destino final del arte moderno. Pero es verdad que, comparada con París, Nueva York fue más un lugar de exhibición, de circulación y de comercialización de arte, que un lugar de producción. Si algo produjo como un arte propio fue la misma apropiación que la ciudad hizo de los inventos técnicos-culturales más importante de la Época Moderna: el cine, la fotografía, las máquinas de información eléctricas, los medios de transporte modernos –el subte, el ferrocarril, las autopistas–. La riqueza de los inversores norteamericanos no se abrió automáticamente a los experimentos estilísticos de las vanguardias estéticas europeas, pero se abrió con mayor generosidad que la de los millonarios europeos. Mientras que en 1929, en Nueva York, se construía e inauguraba el *Museum of Modern Art*, en 1937 la vanguardia ultraconservadora que fue el nazismo montaba una muestra itinerante del *Entartete Kunst*, el "arte degenerado". Se encarnaba la lucha simbólica entre dos mundos que a grandes rasgos representaban el Futuro y el Pasado. Nueva York logró resistir la museificación que ya ordena y organiza a una buena parte de las capitales europeas, desde Berlín hasta Lisboa, pasando, por supuesto, por Roma y París. Algo desorganizado y pululante aún se siente vibrar en Nueva York, aunque sin duda luego del 11 de septiembre del 2001 su frenesí se aplacó. En el siglo XXI, Nueva York se festeja a sí misma como el doble de su pasado: una ciudad en la que se expone lo bueno y lo malo de la modernidad.

Los años más productivos de la pintura y la escultura en Nueva York no superan las tres décadas, con sólo dos o tres movimientos de vanguardia significativos: el

expresionismo abstracto –cuyo abanderado fue el torturado
Jackson Pollock– el minimalismo y el pop art, pieza clave
para celebrar la tan anunciada y postergada muerte del
arte. ¿En qué se caracterizan la pintura y la vida de Pollock?
Resumiéndolo en una única respuesta, en su carácter aparentemente chapucero e inacabado: el espectador siente
que la obra no está terminada, o mejor, que es imposible
terminarla, que siempre se le podría agregar una mancha
más, otro hilo de pintura, otra espesura, como también
sucedería con su vida de alcohólico. Lo que su pintura
transmite no es alegría, es violencia. El pop art, por su
parte, logró confundir en una misma imagen la mercancía,
el producto de la sociedad de masas, la obra de arte y la
crítica al arte instituido o "serio": lo más profundo de una
imagen reside en su superficie. En cierta manera, Andy
Warhol –el "auténtico" artista del pop art– representa un
ícono del mundo y la sociedad que se inauguraba en la
década del sesenta: proclamaba el derecho de cada uno
a la fama, aunque esta fama fuera efímera. En su filosofía
abundan las frases contradictorias: "Pero todo es arte, y
nada es arte", le confesaba a la *Newsweek* a mediados de la
década del sesenta. Si algo lo satisfacía y halagaba era su
afán de ganar dinero, porque descubrió que sólo el dinero –y
cuánto más dinero mejor– le permitía acceder a los "únicos"
momentos de felicidad que este nuevo mundo ofrecía. El
dinero es eterno. Es como si el pop art, con su aureola de
alegría y despreocupación permanente, consistiera precisamente en eso, en ser la manifestación artística de una
sociedad, quizás, más democrática –lo que se dejaba atrás
tenía la impronta del gobierno de Eisenhower, las bombas
atómicas como instrumento de disuasión, la Guerra Fría y el
macarthismo–, una sociedad hedonista sin duda, divertida,
que se propuso borrar las tensiones entre la alta cultura y la
cultura popular, y que estaba obsesionada por olvidar –y a
la vez no dejaba maníacamente de representar– la muerte,

y las muertes traumáticas en particular. Sea como sea, el pop art quería superar todo ese mundo inconsciente y los significados profundos, sesudos, angustiantes, demasiado serios, que el expresionismo abstracto en Estados Unidos, y el psicoanálisis, el teatro del absurdo y el existencialismo europeo habían impuesto como exigencia cultural. Y qué mejor lugar que Nueva York para que este proyecto crezca vigoroso.

Uno de esos eslóganes publicitarios que promocionan las agencias de turismo afirma –como ya lo repitió Liza Minnelli– que Nueva York es "la ciudad que no duerme". Los subterráneos, que cubren todo el territorio de Manhattan, funcionan las 24 horas del día (aunque ahora nos sea tan fácil conseguir un restaurante pasada la medianoche). Pero más allá de la veracidad del eslogan, Nueva York es una ciudad joven, joven en muchos sentidos. De alguna manera, ser neoyorkino exige tener un aire jovial, no importa la edad que se tenga. El anciano que, por diversos motivos, no llega a la vejez con ese espíritu de los nuevos tiempos, casi no tiene lugar en la ciudad. Estos ancianos sólo se ven en los museos. Al paso del tiempo hay que negarlo, o englobarlo en una atmósfera de romanticismo divertido. Las películas de Woody Allen sirven como emblema.

Como tantas otras ciudades americanas, Nueva York es una ciudad moderna, con una historia breve y sin esos barrios antiguos que, como laberintos, se enclavan en el corazón de las viejas metrópolis europeas: el Barrio Latino, el Barrio Gótico, el Trastevere, Plaka. Como otras tantas ciudades, Nueva York también tiene una reconstrucción mítica de su historia: la mafia de *El Padrino*, por ejemplo, las películas de Francis Coppola, están integradas por mafiosos románticos y solidarios, que son violentos por necesidad, pero no dan miedo. La saga de *El Padrino* capta los cambios que sufrió la mafia, pues ya en la década del '70 no se la ve patrullar las calles ni dominar un barrio, pareciera que pasan a formar parte de las mismas instituciones públicas que antes las reprimían. Otra gran mistificación de su historia la produce, sin duda, *Pandillas de Nueva York*, de Martin Scorsese, en la que se narran las luchas que reordenaron la ciudad mientras el país se desgarraba en la guerra civil. Pero ya en 1860, Nueva York se diferencia de cualquier otra ciudad americana, pues mientras éstas luchaban por dejar de ser una gran aldea, ella encarnaba una modernidad que, recién en ese momento, se estaba gestando en Europa, y la encarnaba en sus rasgos principales, esencialmente contradictorios: mayor libertad y, a la vez, subordinación a controles que "aseguran" la libertad, la utopía del futuro y la pastoral del pasado. En cada calle de la ciudad el paseante puede tropezar con alguno de estos rasgos, pues, entre otras cosas, Nueva York se presenta como una ciudad *cool* y abierta, una ciudad que ama la tecnología y cree en la superación histórica que ella provoca, y que a la vez, disimuladamente, la desprecia como un fetiche de la sociedad de masas: la piedra caliza, el cemento, el adoquín, el hierro, los edificios de ladrillo –huellas del siglo XIX– conviven con el acero, los rascacielos de vidrio, y el rulo del Guggenheim pensado por Frank Lloyd Wright, o la wi-fi libre en la orilla del Hudson, las autopistas aéreas y los grifos de agua para los bomberos, o su sistema inigualable de subterráneo, con lauchas correteando entre los rieles. Nueva York es una de las pocas ciudades estadounidenses –junto a alguna de California, quizás– en la que un extranjero puede sentirse como en casa, y en la que el nativo vive como un turista.

Nueva York es –o por lo menos lo fue durante el siglo XX– la ciudad más cosmopolita del mundo (casi el 40% de su población nació fuera de Estados Unidos, y se hablan en ella más de 170 idiomas). El mismo neoyorkino parece un extranjero. O quizás le complazca dar la impresión de no ser de ningún lugar y pertenecer a la vez a todos. Sea como sea, hay que hacer un pequeño esfuerzo para imaginar que el habitante de la isla se siente un estadounidense cabal, aunque las banderas de los Estados Unidos flameen por todos lados, en las avenidas, en los edificios, en las plazas, en las tiendas de ropa. Para el turista, el sentimiento de contradicción es tan potente que no deja de parecerle una broma de mal gusto. En la *City*, uno camina por la ciudad que concentra buena parte del mundo progresista. No es que sea un museo, o como esas ciudades que se convierten en "patrimonio histórico de la humanidad"; más bien se organiza como un organismo vivo que proporciona una libertad que sólo parodia la estatua contra la que chocaban los barcos al pie de la isla, cuando llegaban atestados de personas, y que hoy tan sólo visita el turismo de masas. El cosmopolitismo es sin duda una de las piedras que más brilla entre sus trofeos, una mezcla de nacionalidades que proviene no sólo de los siglos XVIII o XIX –aunque la victoria de los *yankees* en la Guerra de Secesión liberó unas fuerzas confinadas en lo que se imagina como los márgenes de NY-, muchos de los exiliados que huían del nazismo se refugiaron en ella, enriqueciendo sus universidades. También los chinos y los latinos lo hicieron, aunque su aporte sea en otros rubros menos intelectuales. Si se busca un referente real de *Blade Runner*, la película de Ridley Scott, hay que recordar las calles del *China Town* o del *Soho* de Nueva York.

Nueva York sigue siendo la ciudad imaginada o deseada, la primera ciudad que viene a nuestra mente cuando alguien habla de *la* ciudad: el Puente de Brooklyn o el arco en el que termina la 5ª Avenida en *Washington Square*, constituyen excelentes entradas simbólicas a la ciudad de los sueños: en ese arco la provinciana y desconcertada Sally Albright (Meg Ryan) abandona al achispado y despiadado Harry Burns (Billy Crystal) en *Cuando Harry conoció a Sally*: ¡cómo cambian estos personajes a lo largo de la historia!

Como es una ciudad viva, en la interacción con ella las personas se transforman. Pero la tonalidad del cambio es melancólica.[33] Una melancolía que produce cierto efecto en el tiempo real, como si lo lentificara o negara su paso mecánico, aplastante, irreversible: el que espera en Nueva York vive en un momento de eternidad: en *My Blueberry Nights*, la película de Wong Kar Wai, el héroe (Jude Law) que espera que regrese esa chica que había conocido por azar, angustiada, ¿hubiera podido tener un bar y esperar en otra ciudad que no fuera Nueva York?

Además, existen pocas ciudades que estén tan inmortalizadas en una serie inequívoca de imágenes como Nueva York: la del *Empire State*, la de la Estatua de la Libertad, o la del puente de la 59° Street bajo el que se sientan Isaac Davis (Woody Allen) y Mary Wilkie (Diane Keaton), en *Manhattan*, la película de Woody Allen, cuando el amor no sólo era posible sino que era lo más divertido y controvertido del mundo. Pero Nueva York es, al mismo tiempo, el monumento vivo de un mundo que cada vez se aleja de modo más acelerado. De hecho, el mundo que permite imaginar una película como la de Wong Kar Wai es un mundo –y una temporalidad– anticuado, nostálgico o anacrónico: el mundo que desearía la clase media que en verdad vive apurada e insatisfecha.

¿En qué consistirá el toque mágico de Nueva York? ¿Por qué su imagen nos resulta tan confiable, tan verosímil, tan "real"? ¿No es porque esa imagen precisamente se superpone con la realidad? O mejor: cuando uno camina por Nueva York va comprobando la realidad, la materialidad, la consistencia viscosa de todo lo que había percibido en la imagen construida de Nueva York. Imagen y realidad

---

[33] Ada Louise Huxtable, en la biografía de Frank Lloyd Wright, sostenía que éste encarnaba "un anacronismo fascinante, un visionario de talento y un romántico recalcitrante". Ésa es la atmósfera cultural de la ciudad.

se funden en una única experiencia que le da al término
New York la consistencia de un sueño. No es sólo un problema arquitectónico. Nueva York logra hacer convivir –o
hacer de cuenta que conviven– con armonía situaciones
contradictorias, extremos encontrados, tensiones que en
la modernidad costó un enorme esfuerzo alivianar o resol-
ver, y que sólo la indiferencia militante de una clase social
permitió consumar aquí y allá.

Uno de los íconos que condensa esta reconciliación
trabada, realmente imposible, y sin embargo conquistada
sin esfuerzo en Nueva York, son las famosísimas fotos de
Charles Ebbets, en la que unos obreros duermen una siesta
o almuerzan sentados en las vigas de hierro, un alto en la
construcción del *Rockefeller Center*. La ciudad está allí abajo,
cubierta por esa niebla que semeja la que separa al sueño
de la vigilia. Nueva York puede no existir aún, o puede ser
simplemente el delirio de un multimillonario excéntrico
(el *Central Park* bosteza perdido en el fondo, dando la
sensación de una naturaleza rectangular, mágica, regular
e infinita). Pero los obreros están allí, almorzando sobre la
viga con sus boinas, fumando, en camiseta u overol, todavía despreocupados aunque el peligro sobre el que están
sentados es demasiado real, inminente, inolvidable. Nada
los protege del vacío que creen dominar con sus manos,
cuando son sólo las piezas de un plan que los ignora. No hay
imagen de más libertad que la de los pies bamboleándose
para adelante y para atrás, como cuando uno es niño, como
hacen aquí los obreros, detenidos para la eternidad en esta
imagen, a decenas de metros de la tierra. Pero algo falta
en las imágenes que capturó Ebbets: el cielo. Pero el cielo
no ha desaparecido en la ciudad de los rascacielos. Por el
contrario, uno lo adivina, imperturbable, protegiendo las
calles, las pequeñas plazas, hasta los cientos de iglesias
que hay en la ciudad. Es que estos obreros, inmortaliza-
dos en su cotidianidad, integran la población estable del

nuevo cielo, un cielo cartografiado que cientos de aviones atraviesan obedeciendo rutas invisibles. La foto también es una denuncia de las condiciones laborales que había creado la depresión.[34]

Nueva York es una ciudad moderna, pero también anacrónica y sucia, que oculta zonas vírgenes que el mercado inmobiliario ignora, o mantiene como territorio de reserva: perdura una puerta oscura, una escalera que baja, una luz equívoca. Un segundo después se descubre que es el *Village Vanguard*. La entrada estandarizada de sus espectáculos ronda los 35 dólares. Ahora bien, así como tiene su territorio inexplorado –cada vez más pequeño, obviamente... y hasta un poco previsible– también tiene su *Chelsea*, su *Lower East Side* o su *Meatpacking District*, ex barrios marginales, o fuera del circuito turístico-inmobiliario, que se convirtieron en productos meticulosamente calculados con el objetivo de ser originales. Las guías de turismo no dejan de reivindicarlos: música en vivo a precios populares, restaurantes sofisticados y accesibles, bares atestados. Estos barrios remodelados tienen tanta historia como, digamos, el Palermo post boom gastronómico, de diseño e inmobiliario, de fines de los noventa en Buenos Aires –no ya la capital del siglo sino, más bien, uno de sus suburbios–.

---

[34] El proyecto por el que Rockefeller Jr. había alquilado a la Universidad de Columbia un conjunto de tres manzanas en el centro de Manhattan tenía como destino la construcción de un complejo inmobiliario. Pero el crack de la bolsa, en octubre de 1929, lo detuvo. El proyecto cambió, y le llevó más de diez años completarlo. Lo primero que se edificó, significativamente, fue un edificio diseñado por Raymond Hood, de setenta pisos, el *RCA Building*, para albergar a la *Radio Corporation of America*; en 1932 se construyó otro de los famosos edificios del complejo, el *Radio City Music Hall*, "la sala de espectáculos más grande del mundo", según se lee en las guías turísticas. La foto que comentamos, por si hiciera falta, puede consultarse en: http://rhymeculture.files. wordpress.com/2008/08/lunch-atop-a-skyscraper.jpg.

II. El suburbio del siglo XXI

Buenos Aires se levanta a orillas de un río contamina-
do, al que se le van "ganando" metros para la explotación
urbanística, y al borde de un desierto poblado de countries.
Ciudad cuadriculada de trazado moderno, está, sin embargo, llena de vericuetos, pasajes y cortadas que le dan un aire
misterioso: despierta la sensación de que siempre puede
ser de otro modo. Esta contradicción entre la realidad y el
deseo, entre lo que es y lo que podría ser, se huele en Buenos
Aires. Tiene el olor del cansancio. Buenos Aires amanece
cansada, aunque termine bailando extasiada en Pachá. En
realidad no hay una Buenos Aires, hay dos (por lo menos
dos), enfrentadas. Toda la franja del corredor Norte, que
piensa que Buenos Aires son ellos, los que viven allí, que
Buenos Aires es Saavedra, Nuñez, Palermo, Recoleta, y el
resto, un Sur enorme. Antes de llegar al sur, la ciudad se
adentra en su clima a partir de ciertos barrios que se van
despojando del aire globalizado que se respira en el norte
–Abasto, Almagro, Boedo–. Pero cuando se llega al sur, a
su clima local, el hombre o la mujer civilizados presien-
ten que entraron en tierras salvajes: La Boca, Mataderos,
Flores, Liniers. Por ejemplo, Caminito, uno de los recorridos
turísticos en La Boca, es un camino demasiado estrecho;
el turista no lo debe abandonar para evitar el defalco, el
golpe o el secuestro. La que corta a la Ciudad como un tajo
es Rivadavia, "la avenida más larga del mundo".

La diferencia radical entre el Norte y el Sur vuelve difi-
cultoso capturar el imaginario de la ciudad. No hay película
que lo haya logrado hacer, así como tampoco hay imagen
que sirva como ícono del colectivo social (hay fotografías
muy bellas de Buenos Aires, pero la ciudad no tiene *su* fotó-
grafo). La Plaza de Mayo, el obelisco, la avenida Corrientes,
el Tortoni, los estadios de Boca Juniors o de River Plate,
la calle Florida, el Cementerio de la Recoleta, Palermo o

la Feria de Mataderos: son instantáneas, imágenes como tomadas con una cámara Polaroid, desteñidas, o brillosas y falsas como las estampas de las postales. Hay muchas películas que "denuncian" o critican el tipo de vida del porteño, la porteñidad, pero siempre parecen imágenes como fuera de foco, como si se viera una película de otra época. Y esto sucede, entre otros motivos, porque el cine argentino envejece más rápido que el de Hollywood. Salvo algún que otro actor, que captura las contradicciones del porteño, que tiene una forma de ser que sobrevive a todos los tiempos: canchero, con ropa sport, sin exhibir demasiado pero mostrando bastante su forma de vida, satisfecho de alguna manera, con aire de suficiencia, como si se las supiera todas, y a la vez con cierta tristeza indómita, como si algo en él se burlara de sí mismo, como si no pudiera creerse del todo ni siendo uno –el "superado"– ni siendo el otro –el fracasado–. Un perfil del hombre de clase media que mide su valía por la marca y el año del auto que compró. La mujer es distinta: le encanta el auto, pero es alguien profesional, inteligente, segura de sí misma, tan segura que puede llevarse el mundo por delante si esto fuera necesario para hacerse un lugar en él.

Como sea, lo cierto es que tanto los que plasman las imágenes como los que acuñamos los conceptos para pensarlas, pertenecemos a esa clase social que nosotros mismos no terminamos de aceptar, y que más bien querríamos desbancar y arruinar: la clase media. En otras partes del mundo también es la clase media –que antes recibía el noble nombre de burguesía, y que hoy tiene ínfulas aristocráticas– la que sella el patrón de lo normal y correcto; la diferencia, si es que la hay, consiste en que aquí lo otro de esta clase, llamémosle la clase popular, el pueblo (diferente de "la gente"), desde hace casi un siglo forma parte de la historia, pues en verdad el argentino, y más el porteño, es un ser plebeyo, una mezcla, un híbrido entre lo "culto" y lo popular. La clase media, que de modo abstracto es democrática e igualitaria, no encuentra argumentos concretos para responder a esta demanda. Quizás aquí radique uno de los motivos por los que esta clase se siente tan incómoda consigo misma. Al representante genuino de la clase media le gustaría no pertenecer a la clase media. Preferiría ser *genuinamente* popular... o aristócrata. Araña el lugar aristocrático por el título universitario: es diferente al resto de la población, es licenciado o doctor, pero la mezcla entre el saber académico y el periodístico, más las condiciones reales de la universidad en nuestro país, no le proporcionan todo el reconocimiento que él cree merecer. La marca de autenticidad de un porteño se mide por su grado de anti-argentinidad. Como con un truco de prestidigitador, los porteños creemos no pertenecer al mundo en el que estamos afincados. Buenos Aires podría ser diferente, *debería serlo*: este deseo nos impide disfrutar sus peculiaridades, que se viven como una carga. En el universo literario, por ejemplo, la recia figura de Roberto Arlt se cuela como prototipo de lo que nos gustaría ser, si el miedo no nos contuviera: un maleducado que invirtió la literatura. Pero Arlt pertenece al Sur urbano, mal industrializado, con fogatas en la calle y los conventillos de ayer que hoy se convirtieron en casas tomadas. El Hombre de Buenos Aires vive en el Norte aunque le haya cantado al Sur: se llama Jorge Luis Borges.

Buenos Aires es imaginariamente una ciudad que, en jerga contemporánea, llamaríamos "progresista". Se cree progresista y democrática. En los discursos que la atraviesan se recurre con facilidad a los derechos universales para defender a los marginados y los pobres, aunque hace años que sus gobiernos son conservadores, para no decir reaccionarios. A los pobres *reales* se los imagina lejos de sus calles. Históricamente se los llamó "cabecitas negras", "negritos", términos cargados de política, y que aún no perdieron nada de su estigmatización originaria. La fuerza invasora que recorre sus calles al atardecer, de día sigue hundiendo sus pies en las fuentes de las plazas: son vagos que no quieren trabajar. La exclusión, la marginación, en fin, el poder opresor de la clase media que no se siente responsable de esa pobreza estructural, en Buenos Aires se palpa en cada esquina. Son incontables los lugares en los que un chico, un adolescente, una mujer con un bebé, un discapacitado, un anciano, se acerca como con miedo a la ventanilla del auto a pedir una limosna. El vidrio polarizado puede no responder al pedido. La realidad del otro lado del vidrio es peligrosa: sólo habría que acceder a ella por los canales de noticias y los títulos catástrofes que alarman sobre la inseguridad –o, de tanto en tanto, con el cacerolazo–.

Sin embargo, Buenos Aires o, mejor, el porteño de clase media que cree encarnar su esencia, sus valores más preciados, su sentido común, está seguro de que es una ciudad cosmopolita. Está fascinado con el sueño de la inclusión turística del puerto de Buenos Aires. Los turistas que descienden hasta el sur, y que hicieron estallar en algunos barrios el mercado inmobiliario, servirían como contraseña de la inclusión de Buenos Aires en el mundo civilizado. Se festeja que el crucero más grande del mundo gay se detenga unos días en el puerto, y que su población baje a consumir todos los productos autóctonos del país exhibidos en la calle Florida, entre los que se encuentra el sexo. Porque Buenos Aires entró en la guía del tour sexual de sexo barato, como Bangkok, Río de Janeiro o alguna que otra ciudad del este europeo. El porteño prefiere no enterarse de eso: el taxi boy es un fantasma, y a la Zona Roja se la expulsa lo más lejos posible, a los "bosques" y a la noche.

¿Cómo capturar en una imagen esa sensación de frustración que nos embarga cuando advertimos que la Avenida

Rivadavia no es en realidad la avenida más larga del mundo,
ni la 9 de Julio la más ancha? Es una competencia de jue-
guitos infantiles: quisiéramos ser siempre los campeones
del mundo. ¿Cómo captar esa realidad que nos enfrenta
continuamente con la imagen real, y nos muestra ubicados
entre Latinoamérica y Europa, o en el imaginario borgeano:
entre la nada de la Pampa y la nada de un Río sin orillas?
Habría que imaginar la nada que media entre un desierto
y otro, pues Buenos Aires se levanta allí. Puebla la nada.
Pero como los porteños queremos estar en un lugar, aquí
o allá, pero no en ningún lugar, negamos esa nada y nos
imaginamos viviendo en una ciudad que no existe; una
ciudad imaginaria. Ahora bien, por un lado uno siempre
habita una cuidad (ir)real, que es tal como se la vive y
que, a la vez, es muy diferente que esto. Lo que caracteriza al porteño es, en cambio, este discurso de la queja y la
sensación de frustración que lo acompaña, y que en este
ensayo, casi sin quererlo, también se cuela.

La Buenos Aires que existe es una ciudad que trata de
erradicar de sus calles al peatón, desprecia o menosprecia
los servicios de transporte públicos y fagocita el uso de
automóviles. No es la primera ni la única ciudad que vive
esta derrota. La política "progresista" suspendió por falta
de fondos el trazado del nuevo subterráneo, al tiempo que
proyecta abrir una docena de playas de estacionamiento
en los límites con la provincia. Copia el modelo moderno
de ciudad, con años de atraso y no aprendiendo nada de
lo que sucedió en las otras partes del mundo. Por ejemplo, en la década del '50 los arquitectos ya sabían que las
autopistas no resolvían el problema del tránsito. En los '70
el doctor Puerta, de la mano de Cacciatore, cubría parte
del cielo de Buenos Aires con ellas. Hoy, el atascamiento
automotor se produce arriba y debajo de la autopista. Sólo
que debajo de las autopistas, en los barrios marginales
que cortaron en dos como si una sierra eléctrica hubiera

fracturado el territorio, muy cerca del centro, sin embargo, allí escondidos, siguen pululando las calles imprevisibles y las "casas" de los sin-techo. Pero para caminar esas calles habría que cambiar el tiempo que gobierna nuestra vida, ese tiempo férreo que con tanta naturalidad se impone en la vida urbana: el apuro, la ansiedad, la velocidad, la urgencia. Es muy común escuchar de parte del que vive en la Ciudad Autónoma de Buenos Aires –nombre tan eufemístico, aunque más presentable, que Capital Federal– que le gustaría vivir en otra ciudad, con un tipo de vida más tranquilo. Los transportes públicos atestan, no funcionan. Los automóviles van de embotellamiento en embotellamiento, y nunca hay lugar para estacionar. Nos encantaría tener que reservar mesa en el restaurante chic, como sucede en Nueva York o en Londres o en Madrid, pero aquí siempre hay una mesa de más.

Buenos Aires es una ciudad que, como en pocas, se puede comer a cualquier hora. Además, hacia fines del siglo XX la oferta gastronómica se multiplicó, y el porteño pudo empezar a comer comidas de todo el mundo. Ir a Nueva York antes tenía ese encanto de comer algo que nunca se había comido. Ahora el porteño conoce todo el menú de la cocina internacional. Era el momento en que el mercado gastronómico comenzaba a homogeneizar todos los gustos locales. Lo diferente de cada lugar termina pareciéndose, se vaya a donde se vaya. Lo autóctono podía consumirse en cualquier punto del globo. Buenos Aires explotó este recurso, con suerte diversa. Como en todos lados, también aquí hubo buena y mala comida china, mexicana, japonesa, peruana, tailandesa, vasca, salteña, etc. Esto implicó un cambio más fundamental: el universo del chef vino a reemplazar al mundo del cocinero. Del plato de pastas abundante se pasó a las ensaladas minúsculas, con "hojas verdes" que previamente habían sido intervenidas hasta destruir su sabor, como en el caso de la rúcula, por ejemplo; de su potente sabor amargo no queda ni el recuerdo.

Las bodegas boutique pululan en todos los barrios. Hoy se pide en un restaurante un "vino de la casa" pero con uva malbec. Creemos que nuestro paladar mejoró, cuando en verdad fue adiestrado por las modas culturales y los canales gourmet. Nuestro nuevo gusto internacional responde, en gran medida, a los intereses de los grandes capitales que compraron las tierras y los viñedos de Mendoza y de Salta, previamente "preparadas" por los sommeliers europeos.

La oferta cultural también es apreciable, desde la cantidad de librerías que hay hasta esas costumbres exóticas del café y del encuentro social. El porteño es alguien que se sienta y habla. Por supuesto que esta práctica de décadas se acomodó a los nuevos tiempos, y hoy hay que buscar con ojo de lince un bar que no cuente con su televisor o con la radio encendida. La oferta de espectáculos es enorme, desde teatros *off*, jornadas y congresos, festivales de música, shows callejeros, hasta ciclos de cine nacionales o internaciones, clásicos o de vanguardia. Falta todavía *el* museo, aunque el Malba, el Proa, incluso el Sívori, están desde hace varios años abriendo el camino. No falta el capital simbólico, falta el enorme gasto dinerario que significa entrar al mundo del arte. O, en otros términos, falta que el capital privado se solidarice con la institución pública, y ambos muestren el poder imperial de nuestro país.

La tensión, como vemos, no se produce entre lo que el porteño desea consumir y lo que consume, pues la clase media progresista suele acceder a los bienes de un modo semejante a como lo hacen las clases medias de otros lugares: tiene su auto, sus electrodomésticos, sus aire acondicionado, sus salidas semanales, sus "chicas" de la limpieza, sus vacaciones en Brasil, en Europa o en la costa Atlántica. La tensión se produce, entonces, no porque el porteño no consiga lo que quiere, sino porque da la impresión de no saber lo que quiere, quiere y a la vez no quiere lo que cree que quiere. Debe de ser por esto que entre nosotros se condice tan bien la prepotencia de querer siempre tener razón con el arraigo masivo de las prácticas psicoanalíticas.

IDENTIDAD Y DIFERENCIA

Identidad nacional y periferia. El "vecinalismo" en la Patagonia argentina. 1880-1930

Mauricio Dimant

La configuración de la identidad nacional, concebida como identidad colectiva, influencia la demarcación de fronteras no sólo territoriales entre países, sino también simbólicas entre un "nosotros" nacional y un "no-nosotros" extranjero. Aspecto que provoca que las distintas prácticas adquieran un significado y que dinamicen el proceso, especialmente al definir las características del "nosotros" –tanto en su carácter inclusivo como exclusivo–.

En los casos de las zonas periféricas, la configuración de la identidad nacional no consiste en una práctica pasiva de aceptación de una "imposición" proveniente del "centro" hegemónico del Estado. Porque la relación entre el "centro" nacional y la "periferia" no puede ser reducida a una relación entre quien "pertenece" al "nosotros" (*gatekeepers* o *Nation-building*) y quien "puede" serlo. Aunque es importante remarcar que el Estado posee la capacidad de definir los recursos del país a los que se puede acceder –y quienes y cómo están en condiciones de hacerlo– como "servicios" (seguridad, salud, educación), "derechos" (de trabajo, de propiedad privada) y "status" (acceso a la ciudadanía).

En el caso de la Patagonia, las instituciones del Estado, al conquistar el territorio, incluyeron la zona a la soberanía del país sin que existan instancias históricas locales que le permitan negociar su identidad argentina. Al mismo tiempo, como en dicha etapa la Patagonia poseía el status de "Territorio Nacional", los habitantes locales se convirtieron

en miembros del "nosotros" argentino sin instituciones o
mecanismos políticos que los vinculen al resto del país.

A partir de sus intereses, el Gobierno Nacional argentino desarrolló distintas políticas que buscaron relacionar
a los habitantes patagónicos con las instituciones estatales,
y así con la "conciencia nacional", como el servicio militar
en el Ejército (Ley N° 4.301 de 1901), el establecimiento
del sistema educativo (Ley N° 1.420 de 1884), el apoyo a
la Iglesia Católica en actividades sociales (especialmente
a la Congregación Salesiana de Don Bosco[35]), las obras de
infraestructura (como el ferrocarril a Neuquén en 1902), las
ceremonias de las efemérides patrias, las reglamentaciones
para participar en el mercado laboral del país[36] (como el

---

[35]   "Los salesianos llegaron a la Patagonia en 1879, aunque habían arri-
       bado a la Argentina en 1875, con el expreso mandato de Don Bosco de
       evangelizar la Patagonia. Pero las diferencias con el Estado Nacional y
       el desbordante trabajo con los italianos en Buenos Aires, retardaron esa
       posibilidad". Nicoletti, María Andrea. "Entre 'Los puntos negros de la
       escuela laica' y 'El Peligro Salesiano': la polémica en torno a la educa-
       ción salesiana y la educación estatal en la Patagonia (1880-1920)", en *IV
       Congreso Internacional de Historia de la Obra Salesiana. La educación
       salesiana de 1880 a 1920*, México: Instituto Storico Salesiano, 2006, p.
       153.

[36]   Por ejemplo, en el caso de los grupos indígenas de la Patagonia, éstos
       fueron incluidos al mercado laboral local, principalmente, como mano
       de obra no calificada ("jornaleros", "peones", "personal que no tiene
       trabajo fijo") junto a migrantes internos (especialmente provenientes de
       las provincias de Mendoza y Buenos Aires). Así se desempeñaron (casi
       exclusivamente) en actividades ganaderas, agrícolas, de explotación
       forestal y petrolífera, de construcción y servicio doméstico urbano.
       Su amplia y constante movilidad geográfica (migración temporaria,
       semi-temporaria y fija), permitió y legitimó que las instituciones del
       Estado Nacional en la Patagonia utilizaran la "papeleta de conchavo",
       para estabilizarlos y disciplinarlos como mano de obra en la zona. Ver
       Mases, Enrique. "La formación del mercado de trabajo en Neuquén
       (1884-1920)", en *Estudios Sociales* N°4, 1er Semestre de 1993, p. 97. Ver
       también: Lvovich, Daniel. "Pobres, borrachos, enfermos e inmorales. La
       cuestión del orden en los núcleos urbanos del Territorio del Neuquén
       (1900-1930)", en *Estudios Sociales* N°5, 2° Semestre de 1993. En el caso

"Código Rural" de 1884) y en la esfera pública local (como la Ley 4.144 de 1902, conocida como "Ley de Residencia" o "Ley Cané"), entre otras.

En el caso de los inmigrantes árabe-hablantes e indígenas patagónicos, la configuración de su identidad nacional resulta un caso interesante por las diferencias étnicas, religiosas y lingüísticas que presentaron ambos grupos en comparación con la elite argentina a cargo del Gobierno Nacional.[37] El presente artículo analiza la configuración de la identidad nacional argentina de ambos grupos en la Patagonia (1880-1930), con especial atención en las prácticas que les permitieron la adopción de rutinas y costumbres (o la ruptura con estas). Es decir, no sólo el proceso de construcción de la identidad nacional en la periferia, sino también su dinámica.

I. La coyuntura de los inmigrantes árabe-hablantes e indígenas en la Patagonia (1880-1930)

La nacionalidad y la ciudadanía según el status de *jus solis*, junto al territorio como fundamento de la construcción nacional, no aseguran de por sí una concepción espacial de la patria que incluya a todo el país ni a sus habitantes, ni tampoco una inclusión igualitaria. Por ejemplo, en el marco del conflicto territorial entre Argentina y

---

de los inmigrantes árabe-hablantes, y a raíz de la discusión sobre la Ley de Residencia de 1902, el Ministro de Agricultura, Wenceslao Escalante, informó al Congreso Nacional que "La inmigración siria es exótica y poco útil a nuestro medio, pues la mayoría se compone de vendedores ambulantes". Veneroni, Rita (ed.). *Sirios, Libaneses y Argentinos. Fragmentos para una historia de la diversidad cultural argentina*, Buenos Aires: Editorial Cálamo d.s., 2004, p. 323.

[37]   Giordano, Mariana. "Nación e Identidad en los imaginarios visuales de la Argentina. Siglos XIX Y XX", en *ARBOR Ciencia, Pensamiento y Cultura*, CLXXXV 740, noviembre-diciembre de 2009.

Chile a fines del siglo XIX, el valle de El Bolsón, ubicado en la provincia de Río Negro (Patagonia), fue adjudicado definitivamente a la República Argentina por Su Majestad Británica en el arbitraje de 1902. En aquellos años, dicha zona se encontraba significativamente aislada del resto del país, aspecto influenciado principalmente por la indiferencia del Gobierno argentino frente a los requerimientos de la población local. Como resultado de ello, los habitantes locales –en su mayoría inmigrantes– proclamaron el mismo año la "República de El Bolsón". Si bien designaron un presidente y organizaron un gabinete, el grupo de soldados enviado por el Ejército Argentino no tuvo necesidad de actuar, dado que la "república" se extinguió por sí sola.[38]

El intento de crear la "República de El Bolsón" puede ser comprendido como el resultado de la configuración de una identidad nacional que no incluyó a todos sus habitantes.[39] Aunque, al mismo tiempo, la identidad nacional puede generar una diferencia entre sus habitantes, justamente, a partir de la imagen del "nosotros" que intenta imponer. En Argentina, el Senador Villafañe se

---

[38]   Vapsnarsky, César. "El asentamiento humano en el Alto Valle del Río Negro y Neuquén", en *Pueblos del Norte de la Patagonia 1779-1957*, General Roca: Ediciones de la Patagonia, 1983, p. 117.

[39]   Las identidades nacionales en América Latina, desde la formación de sus Estado-Nación, han combinado diferentes categorías simbólicas acordes, tanto a la coyuntura Latinoamericana en forma general como a la coyuntura particular de cada una de las unidades político-administrativas. Pero dichas identidades presentan diferencias no sólo entre los diferentes países latinoamericanos, sino también diferencias internas en cada país como consecuencia del papel del Estado en los centros político-económicos, y por otro, en sus distintas periferias nacionales. Ver, entre otros, Roniger, Luis. "Latin American Modernities: Global, Transnational, Multiple, Open-Ended" en *ProtoSociology*, Volumen 26, 2009, *Modernization in Times of Globalization I*, p. 71-99 y Joppke, Christian. *Citizenship and Immigration*, Cambridge: Polity Press, 2010.

expresó al respecto durante las discusiones parlamentarias de 1870, con anterioridad a la conquista y dominio
de la Patagonia por parte de las instituciones del Estado
("fronteras internas"),

> Yo me apercibí de una cosa: de que era más extranjero un
> gaucho de los que servía a Rosas o un salvaje de la Pampa,
> que un turco que tuviera las mismas creencias y hubiera
> recibido la misma educación y profesara el mismo credo
> que yo en cuestiones sociales y políticas. Porque los sal-
> vajes que han nacido en América son más extranjeros que
> un turco que se hubiese educado más o menos lo mismo
> que nosotros.[40]

La participación en la vida interna argentina significó
para los habitantes patagónicos (1880-1930), un esfuerzo no
sólo por su ubicación periférica, sino principalmente por
sus diferencias con el proceso de modernización impulsado
desde el Estado.[41] Pero los inmigrantes árabe-hablantes[42] y
los indígenas[43] en la Patagonia[44], a pesar de sus caracterís-

---

[40] Citado en Briones, Claudia. "Construcciones de aboriginalidad en Ar-
      gentina", en *Bulletin de la Société Suisse des Américanistes*, N° 68, 2004,
      p. 81.

[41] Esto significó también que las diferencias entre los inmigrantes árabe-
      hablantes y los indígenas patagónicos se encontraron definidas según
      el modo de participación en el proceso de modernización en la zona,
      y no en función de la relación con el "territorio de la patria", categoría
      central en la definición de la Nación argentina.

[42] Sin importar sus pertenencias religiosas o étnicas. Ver al respecto Klich,
      Ignacio. "Árabes, judíos y árabes judíos en la Argentina de la primera
      mitad del novecientos", en *E.I.A.L.*, Volúmen 6 - N° 2 Julio - Diciembre
      de 1995.

[43] Sin importar sus pertenencias a diferentes etnias o tribus.

[44] En el presente trabajo se analizan principalmente a las provincias
      de Neuquén, Río Negro y Chubut, por ser los núcleos políticos y
      económicos más importantes de la Patagonia en aquellos años,
      durante los años 1880-1930. Sólo de un modo marginal se incluye
      a Santa Cruz y Tierra del Fuego, por problemas de acceso a datos y
      documentos y por ciertas características de las fuentes existentes.

ticas de "inmigración no-europea" y de nacidos en el país como "no-criollos", lograron desarrollar ciertas actividades locales como miembros legítimos.[45]

Abraham Breider, nacido en El Líbano el 24 de diciembre de 1871 y radicado en El Maitén (provincia de Chubut) en 1907, colaboró personalmente con el primer molino hidráulico local del Estado argentino, con los edificios del Correo y Telégrafos, con el Juzgado de Paz, el de la Comisaría (actual sede del Destacamento de Gendarmería Nacional) y con dos escuelas provinciales[46]. El cacique Bartolomé Curruhuinca, que junto a 180 integrantes de su tribu (aproximadamente) se dedicaron a la vigilancia de los caminos a Valdivia, colaboraron en el control de las rutas comerciales entre Argentina y Chile junto "(...) al Ejército Argentino como chasquis

---

Ver, entre otros, Bandieri, Susana. *Historia de la Patagonia*, Buenos Aires: Prometeo, 2006.

[45] Con respecto al período analizado (desde 1880 hasta 1930), si bien resulta amplio y presenta varias diferencias internas, es considerado en el presente trabajo como el límite temporal de un mismo proceso de construcción de Estado-Nación en la Patagonia. Este comenzó con la conquista militar que posibilitó la incorporación del territorio al mercado interno argentino bajo la jurisdicción de las instituciones del Estado (especialmente, luego de la derrota del cacique Calfucurá en 1884), y finalizó con los cambios en las políticas económicas, sociales y civiles luego del Golpe de Estado del General Uriburu en 1930. Ver Favaro (coord.). *Sujetos sociales y política. Historia reciente de la norpatagonia argentina*, Neuquén: Editorial La Colmena, 2005.

[46] Ver Veneroni, Rita (ed.). *Sirios, Libaneses y Argentinos. Fragmentos para una historia de la diversidad cultural argentina*, Buenos Aires: Editorial Cálamo d.s., 2004, p. 201. Por su parte, la familia Temi (también inmigrantes de países árabes), donó el terreno y levantó las primeras aulas de la Escuela Chochoi Mallín, en la provincia de Neuquén. Ver Iuorno, Graciela. "Poder y familias. La dinámica articulación de redes sociales y políticas", en Favaro, Orietta (coord.). *Sujetos sociales y política. Historia reciente de la norpatagonia argentina*, p. 82.

y baqueanos, incluso participando en enfrentamientos contra otros indígenas".[47]

En el caso de los indígenas patagónicos, el proceso de modernización provocó especialmente un desplazamiento socio-geográfico a zonas distantes y a distintas formas socio-culturales de organización poblacional. Aunque a diferencia de los inmigrantes árabe-hablantes, los indígenas no fueron considerados como "pioneros" en la Patagonia, principalmente por su condición de nacidos en la zona con anterioridad al arribo de las instituciones del Estado argentino.[48]

El territorio del país actuó como un componente inclusivo en la "argentinidad", pero sin disminuir las diferencias entre el "nosotros" argentino y quienes simplemente habitaban el territorio ("ellos"). Porque si bien, jurídicamente, el "territorio" del país actuó como un factor unificador y homogéneo en la construcción de la Nación argentina[49], fue la compatibilidad con el proceso de mo-

---

[47] Debemos tener en cuenta el peso de esta asignación por ser la plaza chilena un mercado de suma importancia para la actividad económica indígena del este de la cordillera. Otro elemento destacable es que, en el caso del fuerte Maipú (fundado el 1 de abril de 1883), los indígenas constituían la mayor parte de la población: 42 indios de lanza, 47 mujeres y 82 jóvenes y niños. En cambio, los militares no alcanzaban a sumar 60, entre oficiales y soldados. Ver Habegger, Virginia. "El mundo indígena frente a la dominación estatal. Norpatagonia, fines del siglo XIX - principios del siglo XX", en *Mundo agrario*, v.8 N°15, La Plata, agosto-diciembre de 2007.

[48] Ver Radovich, Juan Carlos. "Procesos migratorios en comunidades mapuches de la Patagonia Argentina", en *II Congreso Internacional de Investigação e Desenvolvimento Sócio-cultural,* Centro Cultural de Paredes de Coura, 2004.

[49] De este modo se comprende la importancia de la zona de frontera. Quijada Mauriño, Mónica (2005), "Los confines del pueblo soberano. Territorio y diversidad en la Argentina del siglo XIX", en Colom González, Francisco (ed.), *Relatos de nación. La construcción de las identidades nacionales en el mundo hispánico*, Madrid, Iberoamericana. p. 831.

dernización impulsado desde el Estado lo que significó, en última instancia, una posición de "cercanía" con el "nosotros" nacional.

El proceso de modernización impulsado desde el Estado definió una participación en el mercado de trabajo que aceptara no sólo el modelo de desarrollo económico agro-exportador, sino también la negación de reclamos sociales y políticos que condicionen el *statu-quo* nacional vigente,[50] aspecto especialmente válido para el caso de la Patagonia. En su intervención parlamentaria del año 1900, el diputado Joaquín Castellanos comentó claramente este punto –al referirse a la inmigración masiva al país– en donde remarcó que

> (...) en virtud del movimiento inmigratorio extranjero (...) [Buenos Aires] recibe una cantidad de población
> mayor que la que puede asimilar su movimiento industrial, comercial y administrativo. De aquí resulta un sobrante de población en que están comprendidos los indolentes, los inhábiles, los viciosos (...) que se dedican a los partidos políticos, desnaturalizando de esta manera la base esencial de nuestro sistema representativo.[51]

Aspecto semejante se puede apreciar en el caso de los indígenas patagónicos, en donde

> (...) desde las miradas oficiales los grupos aborígenes representaban un elemento externo a la nación pero interno a un territorio (...) se discutían los modos de incorporación de esta nueva fuerza de trabajo al estado nación y su homogenización de acuerdo con el modelo de ciudadano para la nación.[52]

---

[50]   Ver Favaro, Quijada Mouriño y Remmer.

[51]   Ver Quijada Mouriño. *Ibid.*, p. 81.

[52]   Ver Cabrera, Sebastián. "Relaciones interétnicas y cuestiones limítrofes en el espacio fronterizo de la Norpatagonia. Rupturas y continuidades durante el proceso de conformación de los Estado-Nación argentino

La configuración de la identidad nacional argentina en la Patagonia (1880-1930) se desarrolló no sólo a partir del proceso de modernización, sino también en el marco del conflicto territorial con Chile. Como consecuencia de ello, el Gobierno buscó asegurar su soberanía en la zona de frontera a través de prácticas institucionalizadas que integren a la población de la zona al modelo de Nación impuesto desde el Estado.[53] Porque las situaciones de disputa territorial obligan a los Estados Nacionales a incluir a los habitantes de las regiones fronterizas a un modelo de identidad colectiva que asegure un sentimiento de pertenencia hacia la Nación, y así también un posicionamiento frente al posible conflicto.

Pero como la ciudadanía de los habitantes patagónicos se concibió bajo el status jurídico de "Territorio Nacional"[54]

y chileno", en *3ras Jornadas de Historia de la Patagonia*, Bariloche, 2008. Por ejemplo, durante una visita a la "concesión del cacique Ancatruz" realizada en mayo de 1920, el inspector de la Dirección General de Tierras y Colonias calificaba a casi todos los pobladores visitados con un concepto de laboriosidad "regular". A esta imagen opone el siguiente testimonio: "Venancio Ranquileo es un aborigen que perteneció a la tribu de Ancatruz, pero se alejó de ella en vista de serle imposible prosperar. En efecto, desde que pasó a arrendar un campo de propiedad ha aumentado sus intereses ganaderos siendo hoy poseedor de un capital de 25.000 pesos moneda nacional". Habegger, *Ibid.*

[53] De esta manera, se sentaron las bases para la inclusión de los habitantes patagónicos a una identidad nacional que les permitiese ampliar sus derechos político-ciudadanos. Ver Remmer.

[54] Desde la conquista territorial de 1880 y hasta la década de 1950, se nombraban a todas las autoridades de la Patagonia directamente desde Buenos Aires. Como bien señala Orietta Favaro en su trabajo sobre el Territorio Nacional de Neuquén, "Entre provincia y territorio nacional existe una neta diferenciación. Las provincias son unidades etnográficas, geográficas y políticas anteriores a la Constitución, que al organizarse constitucionalmente el país se unieron, delegando una porción definida de sus atribuciones o poderes en el gobierno federal, y se reservaron el remanente, constituyendo, así, un Estado Federal. Los territorios nacionales en cambio, son simples divisiones

(Ley Nacional 1532, del año 1884), "periferia" y "exclusión" se convirtieron muchas veces en sinónimos, y el Estado fue considerado generalmente como un actor ajeno a los intereses y a las necesidades locales.

Al mismo tiempo, las características del crecimiento poblacional y de la actividad económica en la Patagonia (1880-1930), provocaron que las necesidades en el ámbito local no siempre encontrasen respuestas en las autoridades impuestas por el Gobierno Nacional.[55] Y junto a ello, las políticas del Estado argentino no consideraron la diversidad ni las diferencias existentes,[56] por ejemplo, entre los pueblos poyas, puelches y ranqueles, todos pueblos araucanizados y gobernados por autoridades mapuches en la Patagonia. Como tampoco consideraron las diferencias entre los credos y las comunidades de los inmigrantes árabe-hablantes,[57] en su mayoría cristianos del rito maronita, originarios de la

---

administrativas o geográficas, posteriores a la Constitución Nacional". Ver Favaro. *Ibid.*, p. 31-32.

[55]   Por ejemplo, en 1913, los pobladores del pueblo de Allen, cercano a General Roca (Río Negro), solicitaron oficialmente al Estado Nacional argentino la construcción de un hospital que pudiera brindar servicios a toda la zona del norte de la Patagonia (Río Negro y Neuquén, principalmente). El hospital logró ser inaugurado recién en 1925 (Hospital Regional de Allen), funcionando como el único establecimiento de salud en toda la zona hasta mediados de la década de 1940. Vapsnarsky, César. "El asentamiento humano en el Alto Valle del Río Negro y Neuquén", en *Pueblos del Norte de la Patagonia 1779-1957*, General Roca: Ediciones de la Patagonia, 1983, p. 149.

[56]   Característica que permite analizar a ambos grupos en función de las similitudes que presentaron en su relación con la identidad nacional argentina, a pesar de las diferencias entre ellos e internas dentro de cada grupo poblacional. Las diferencias internas que existieron dentro del grupo no serán analizadas, porque la relación entre estos y la Nación es abordada a partir de las similitudes que presentó cada grupo social en el proceso de modernización impulsado por el Estado.

[57]   Ver, sobre la concepción del Estado Nacional de los "indios" y los "inmigrantes", Quijada Mauriño.

zona sirio-libanesa del Imperio Otomano[58], aunque inmigraron también judíos, cristianos ortodoxos, musulmanes, alauitas y drusos desde distintas[59] zonas de Medio Oriente.[60]

En síntesis, los inmigrantes árabe-hablantes e indígenas patagónicos lograron identificarse con un "nosotros" argentino, durante los años 1880-1930, en una zona[61] periférica

---

[58] Ver Veneroni *Ibid.*

[59] En el caso de los inmigrantes de países árabes, éstos arribaron a la Patagonia generalmente a través de acuerdos comerciales con connacionales. Estos acuerdos estaban basados en el método de la "cadena de llamados", el cual consistía básicamente en que el dueño de un "boliche" otorgaba mercadería en consignación a "buhoneros", quienes (re-)vendían dicha mercadería y se comprometían a (re-)comprar mercadería al mismo negocio-proveedor. Ver Abdelouahed Akmir. "La Inmigración árabe en Argentina", en Kabchi, Raymundo (coord.). *El Mundo Árabe y América Latina*, Madrid: Ediciones UNESCO, 1997, p. 73, 75. Esta modalidad no sólo les habría permitido (o incentivado a desarrollar) una inclusión principalmente comercial al mercado laboral, sino que terminaría provocando la necesidad de expandirse a zonas distantes para mantener el nivel de rentabilidad. Con respecto a los inmigrantes árabe-hablantes en la Patagonia (1880-1930), según el Censo Nacional correspondiente al año 1914 la cantidad fue de 775 habitantes (439 en zonas urbanas y 336 en zonas rurales) –Río Negro: 382 (206 en zona urbana, 176 en zona rural), Neuquén: 107 (71 en zona urbana, 36 en zona rural), Chubut: 203 (117 en zona urbana, 86 en zona rural), Santa Cruz: 78 (41 en zona urbana, 37 en zona rural), Tierra del Fuego: 5 (4 en zona urbana, 1 en zona rural)–. La década comprendida entre los años 1904-1914 es considerada como la de mayor inmigración árabe-hablante en Argentina, calculada en 114.217 personas, y con un índice de radicación del 81,08% (Kabchi, p. 64). Es importante mencionar que, como bien explica Rita Veneroni, existieron serios problemas censales en Argentina. Entre otros motivos, figura la cantidad de inmigrantes árabes ingresados ilegalmente desde la frontera norte argentina.

[60] Ver Bestene, Jorge; Bertoni, Lilia Ana y Jozami, Gladys. "La inmigración siriolibanesa en América Latina", *Estudios Migratorios latinoamericanos*, N° 26, 1994.

[61] La característica patagónica de "zona de frontera" permitió (o estimuló) un rol protagónico del Ejército a través de sus bases militares, con una mayor importancia en relación a otras instituciones del Estado Nacional.

sin un proceso histórico de ciudadanía,[62] en una zona de frontera en disputa y en una ex "frontera interna" (*india*). Una identificación con la identidad argentina a partir no sólo del papel desempeñado por el Estado Nacional en la zona, sino también por los desafíos del proyecto de país.

II. La "argentinidad" vecinalista en la nueva zona periférica

La Ley 1.532 –Ley de Organización de los Territorios Nacionales– no sólo definió y caracterizó a la Patagonia y su papel dentro del Estado argentino,[63] especialmente entre los años 1880-1930, sino que también estableció una solución provisoria al dilema planteado por la inclusión de los habitantes patagónicos a la soberanía del país, junto (y paralelamente) a su exclusión del concierto nacional en tanto que habitantes de los Territorios Nacionales, es decir, como nuevos espacios de frontera.

A través de dicha Ley, el Estado argentino permitió, en la Patagonia, el ejercicio de una ciudadana política en el ámbito local únicamente (a nivel barrial o municipal), restringiendo la participación de sus pobladores a nivel nacional, simplemente por su lugar de residencia: un habitante

---

[62]   Las poblaciones indígenas y de inmigrantes de países árabes habitaron Patagonia en función del mercado comercial con Chile, del desarrollo de las actividades extractivas y las agro-ganaderas, y a partir del asentamiento de las bases militares luego de la conquista. Ver Gallego de Lomban, Miriam y Ozonas de Muñoz, Lidia. "Algunas consideraciones en torno al poblamiento neuquino", en *Neuquén Un siglo de Historia. Imágenes y Perspectivas*, Neuquén: Universidad Nacional del Comahue, 1986, p. 97.

[63]   De este modo, a raíz de su status de "Territorio Nacional", el análisis de la Ley 1.532 permite comprender cómo las poblaciones indígenas patagónicas e inmigrantes árabe-hablantes de la zona lograron acceder a la identidad nacional argentina.

territorial que se desplazara a una provincia podía votar y
ser elegido en la elección de presidente y vice de la Nación,
y en la elección de representantes ante el Poder Legislativo.
En sus artículos 22 y 23, la Ley 1.532 estableció que

> (Artículo 22°) Las secciones cuya población pase de mil
> habitantes tendrán derecho a elegir un Consejo municipal,
> compuesto de cinco miembros, mayores de edad y domi-
> ciliados en el distrito. Entre ellos nombrarán un presidente
> encargado de mantener el orden en la discusión y representar
> al Consejo en sus   relaciones oficiales.

> (Artículo 23°) Los municipales durarán dos años en el ejer-
> cicio de sus funciones; el cargo será gratuito; se renovarán
> por mitad cada año debiendo sortearse al efecto los que
> deberán salir la primera vez.

De este modo, a partir de las categorías de "mayoría
de edad" y de "domiciliado en el distrito", los habitantes
territoriales se encontraron en condiciones de mantener
un vínculo con el Estado Nacional. Característica significativamente inclusiva en la Patagonia (1880-1930), en contra-
posición con el resto de las políticas del Estado argentino,
las cuales generalmente restringieron las posibilidades
de participación –como en el caso del servicio militar,[64]

---

[64]   En la Argentina, el Servicio Militar Obligatorio fue instituido en el año
1901 por el entonces Ministro de Guerra Pablo Richieri, mediante el
Estatuto Militar Orgánico de 1901 (Ley N° 4.301), durante la segunda y
última presidencia de Julio Argentino Roca: se reclutaba a ciudadanos
de entre 20 y 21 años, y su duración era de 18 a 24 meses. La presencia
de las Fuerzas Armadas en la Patagonia se caracterizó por soldados y
oficiales provenientes de otras localidades del país (en especial Buenos
Aires), quienes desempeñaban funciones temporales en la zona para
luego volver a su lugar de residencia o a otros puntos del país. Esta
presencia no buscó reclutar soldados o "argentinizar" a la población
local, imponiendo o incentivando la configuración de una identidad
nacional. En el caso de los inmigrantes árabe-hablantes, en su mayoría
se relacionaron de un modo comercial con las bases militares, como
proveedores de insumos privados y de alimentos. Como recuerda Juan
Sapag (inmigrante árabe-hablante de la Patagonia), al invitar al coro-

en donde se debía ser ciudadano argentino de entre 20 y
21 años; o como en el sistema educativo,[65] no sólo porque

---

nel Pilotto (de la guarnición militar Las Lajas, Neuquén) "nació una
gran amistad entre nosotros y el coronel. Por otra parte, teníamos en
común, él y yo, el idioma francés, que él dominaba por haber estado
en Francia y que yo había aprendido en el Líbano" (ver Favaro. p. 64).
En el caso de los indígenas patagónicos, existieron (en forma general)
dos grupos distintos que se relacionar con el Ejército argentino. Por
un lado, aquellos indígenas que sí fueron reclutados e incorporados a
las Fuerzas Armadas, pasando un adiestramiento que les inculcó una
identidad nacional acorde a los intereses de "la patria". Pero este grupo
no pobló la Patagonia, sino que fue trasladado a distintos puntos del país.
Algunos ocuparon cargos de policías en distintas ciudades argentinas,
como Buenos Aires. El segundo grupo, que sí pobló la Patagonia y que
mantuvo relaciones con las Fuerzas Armadas (principalmente con el
Ejército), no fue adiestrado militarmente por el Estado argentino, sino
que fue incorporado directamente como "mano de obra", en función
de los acuerdos con los "indios buenos" de la época de Rosas.

[65] A nivel educativo, las políticas públicas del Estado argentino no impul-
saron una campaña o inversión significativa en la Patagonia (1880-1930),
para educar a niños y adultos, sino que estableció líneas generales que
actuaron más como principios de buenas intenciones, y no como parte de
una política programada para su aplicación. Las escuelas –que podrían
haber configurado una identidad nacional argentina en la zona– fueron
más una obra de los habitantes que del Estado, aspecto que se puede
observar no sólo en las festividades que realizaban, sino también en los
recuerdos de sus orígenes. Si bien el 8 de julio de 1884 se sancionó la
Ley N° 1.420 de Educación Común en la Capital, Colonias y Territorios
Nacionales, esta no estableció vías concretas de inclusión a la identidad
nacional argentina, sino sólo políticas futuras: Artículo 1°- La escuela
primaria tiene por único objeto favorecer y dirigir simultáneamente el
desarrollo moral, intelectual y físico de todo niño de seis a catorce años de
edad. Artículo 2°- La instrucción primaria debe ser obligatoria, gratuita,
gradual, y dada conforme a los preceptos de la higiene. Artículo 5°- La
obligación escolar supone la existencia de la escuela pública gratuita al
alcance de los niños de edad escolar. Con tal objeto, cada vecindario de
mil a mil quinientos habitantes en las ciudades, o trescientos a quinientos
habitantes en las colonias y territorios, constituirá un distrito escolar,
con derecho, por lo menos, a una escuela pública, donde se dé en toda
su extensión la enseñanza primaria que establece esta ley. Ver Nicoletti,
María Andrea. "La conflictiva incorporación de la Patagonia como tierra
de misión (1879-1907)", en *Boletín americanista*, N° 54, 2004.

la presencia de las escuelas era mínima, sino porque se establecía sólo la necesidad de educación primaria para niños de 6 a 14 años de edad–, entre otras.

Las prácticas localistas de participación ciudadana, definidas por el Estado para los habitantes patagónicos, no implicaron la necesidad de un proceso de aprendizaje lingüístico-cultural o una "preparación" previa, sino un lugar de residencia que legitime dicha participación. Aspecto especialmente importante en el caso de los inmigrantes árabe-hablantes e indígenas que habitaban la zona.

De este modo, y según la Ley 1532,[66] las prácticas de participación barrial o municipal significaron para la población patagónica una posibilidad de reconocimiento y de legitimidad por parte de las instituciones del Estado Nacional argentino. Así, por ejemplo, en el Territorio Nacional de Neuquén entre 1906 y 1916 existe un total de 44 cargos municipales, de los cuales 31 son ocupados mediante elecciones y los 13 restantes por decretos del Gobernador. Del primer grupo, los extranjeros obtienen 18 cargos de concejal (58%), mientras que en los casos de las designaciones por el Gobernador alcanzaron el 7 cargos (53%).[67]

La coyuntura patagónica provocó que el Estado Nacional argentino necesite de instancias e instituciones en la sociedad local que articulen su dominio territorial

---

[66]   Si bien existieron distintas discusiones parlamentarias, propuestas públicas y proyectos oficiales para definir las estrategias frente a la presencia de los indígenas patagónicos y los inmigrantes árabe-hablantes (no sólo) en la Patagonia (1880-1930) –en donde se buscaba concebir su papel en el proceso de modernización impulsado por el Estado, en el proceso de configuración de la Nación y en la identidad argentina–, todas ellas se enmarcaron en las disposiciones legales que la Ley 1.532 establecía, porque era esta la que definía (y reglamentaba) el funcionamiento local.

[67]   Ver Gallucci, Lisandro. "Las prácticas electorales en un municipio patagónico. Neuquén, 1904-1916", en *Revista Pilquen. Sección Ciencias Sociales*, Nº 7, Viedma, enero - diciembre de 2005.

en la zona de frontera.[68] Así, el 11 de marzo de 1906, por ejemplo, el Gobernador del Territorio de Neuquén nombrado por el Gobierno Nacional, Bouquet Roldán, señaló la necesidad de

> candidatos que respondan a la cultura e interés de este vecindario (...) tomar la participación en este acto de trascendente interés local, demuestra un patriotismo que no dudo será comprobado con la designación de personas serias y honorables que hagan prácticas las ventajas de la institución comunal, demostrando en este primer ensayo la capacidad requerida para la vida cívica.[69]

Años más tarde, en 1922, el Gobernador del Territorio Nacional de Neuquén señaló (en función de una organización vecinal neuquina fundada en 1920) que

> es un deber del gobierno fomentar iniciativas de esta naturaleza que no sólo contribuyen a levantar ese espíritu nacional, sino que es un eficaz auxiliar en la formación del ciudadano-soldado llamado en el futuro para la defensa de los intereses de la patria.[70]

En su vínculo con los habitantes patagónicos, el Gobierno Nacional consideró a las necesidades de la zona –caminos, escuelas, médicos, agua potable, insumos, entre otros– como "gastos" cuando no incluían temas relacionados a la seguridad (en función del conflicto de soberanía con Chile) o aspectos económicos de importancia para el centro del país (como petróleo y productos agro-ganaderos de exportación).

---

[68] Elvira, Gladys y Varela, Teresa. "La Construcción de la ciudadanía política en los Territorios Nacionales. Viedma, capital del Territorio de Río Negro 1930-1938", en *Revista Pilquen, Sección Ciencias Sociales*, Año VI, N° 6, 2004.

[69] Ver Gallucci.

[70] Ver Gallucci.

Como consecuencia de ello, las prácticas de los habitantes patagónicos (entre ellos, los inmigrantes árabes-hablantes e indígenas) se desarrollaron, principalmente, en el marco de comisiones de fomento y de asociaciones intermedias (cooperadoras y clubes sociales). De este modo, se desarrolló una esfera pública local "no estatal",[71] caracterizada por un "vecinalismo"[72] propio de acciones de demanda al estilo de petición, centradas en reivindicaciones para mejorar el nivel de vida de la zona que habitaban.

Alesio Saade recuerda la participación de carácter "vecinalista" de "los Majluf, entre los destacados vecinos propulsores del Centro de Comerciantes e Industriales y del Rotary Club de Cutral Co",[73] la cooperadora escolar y la comisión de Fiestas Patrias, en la Patagonia. O Moisés Roca Jalil, "vicepresidente del Club Cordillera",[74] Severino Afione, miembro de Tiro Federal de Zapala y de la biblioteca local Eduardo Elordi, gestor de la sucursal del Banco de la Nación en la Patagonia.[75]

O como figura en el expediente de la Dirección General de Tierras y Colonias, en donde el cacique Diego Ancatruz

> solicitó para él y "50 familias de mi tribu", las tierras fiscales del paraje Zaina Yegua, que en su oportunidad habían sido ocupadas por Carlos Kramer y abandonadas en razón de un decreto de 1900. Tras dos años de indefiniciones, (...) y a pesar de sus 91 años, se movilizó hasta Buenos Aires, donde

---

[71] Esto implica un concepto de interés público plural y descentrado. Ver Ouviña, Hernán. "Las asambleas barriales y la construcción de lo 'público no estatal': la experiencia en la Ciudad Autónoma de Buenos Aires". Informe final del concurso Movimientos sociales y nuevos conflictos en América Latina y el Caribe. Programa Regional de Becas CLACSO, 2002.

[72] Ver Favaro.

[73] Favaro. *Ibid.*, p. 83.

[74] *Ibid.*, p. 81.

[75] *Ibid.*, p.62.

presentó una nota solicitando la ratificación del permiso de ocupación. La carta, de fecha 19 de mayo de 1916, fue presentada por: "Diego Ancatruz, por sí, y en representación de 50 familias argentinas".[76]

El vecinalismo patagónico de carácter "fomentista", no sólo legitimó la participación en el espacio local, sino que también permitió (y estimuló) una identificación "localista" con la Nación argentina. Es decir, en el intento de satisfacer sus propias necesidades locales, los inmigrantes árabe-hablantes y los indígenas patagónicos encontraron un denominador común con la identidad argentina.

Las prácticas y los intereses locales patagónicos convirtieron a la categoría de "habitante local" en un actor colectivo que reclamaba ser considerado por las políticas y programas del Estado, y así como en parte del "nosotros" argentino.[77] Es el caso del cacique indígena Namuncurá, quien no sólo participó en las discusiones públicas en los almacenes de ramos generales (mucho de ellos propiedad de inmigrantes árabe-hablantes), sino que envió cartas promoviendo los intereses locales de la Patagonia. A fines de siglo XIX, Namuncurá le escribía al comandante del fortín de Bahía Blanca:

> Amigo; veo por los diarios que están Uds. envueltos en complicaciones internacionales con Brasil y con Chile.
> Esto debe hacer ver a Uds. que deben cuidarse mucho de estar bien con nosotros, porque en caso de una guerra los podemos servir mucho como amigos y hacerles mucho daño como enemigos[78].

---

[76] Ver Habegger.

[77] El Estado desempeña un papel fundamental en el proceso de definición de la identidad nacional, a raíz de su participación en la configuración de un sistema de representación cultural que legitimó y des-legitimó a diferentes grupos en su acceso a los recursos del país. Ver Palti, Elias José. "Orden político y ciudadanía. Problemas y debates en el liberalismo argentino en el siglo XIX", en *E.I.A.L.*, Vol.5 - N° 2, 1994.

[78] Quijada, p. 42.

Por lo tanto, no se generó un distanciamiento identitario entre los inmigrantes árabe- hablantes y los indígenas patagónicos, sino un marco de referencia nueva: radicarse y mejorar su nivel de vida en el sur del país. Porque el Estado argentino permitió, de un modo similar, que ambos grupos participaran en la esfera pública local (y en el mercado laboral) y se auto-percibieran como excluidos de las políticas públicas del Gobierno Nacional.[79]

Aspecto que resaltó en el caso de los inmigrantes árabe-hablante que habitaron reservas mapuches en la Patagonia, como Simón Roca Jalil, comerciante originario de El Líbano. El 27 de enero de 1911 nació su hijo Alfredo, uno de los primeros natalicios de inmigrantes en la reserva de San Ignacio, liderada por Manuel Namuncurá. Los hijos de Simón Roca Jalil cuentan que los indígenas fueron quienes le enseñaron a su padre a hablar el español y a conocer la zona (Sapag, 285).[80]

Al identificarse con la Patagonia en tanto que zona periférica del país, los inmigrantes árabe-hablantes e indígenas de la zona configuraron su identidad nacional argentina, en una especie de "zona gris": entre la exclusión de los asuntos nacionales y la inclusión a la soberanía del país, característica que influenció significativamente en la identidad colectiva de la zona patagónica.

---

[79] Sapag, *Ibid.* p. 285. Así, para ambos grupos el Estado central fue igualmente un actor externo que imponía políticas no relacionadas a los intereses y necesidades locales. Ver Favaro.

[80] Las vestimentas étnicas, el español mal hablado y la precariedad de las viviendas de los inmigrantes de paises árabes provocaron que los indígenas patagónicos los identificaran inmediatamente como un distinto "no proveniente de Buenos Aires". Los indígenas patagónicos denominaban en general a los inmigrantes de paises árabes, como "huinca curu" que en mapuche significa "cristiano oscuro". Ver Sapag.

Palabras finales

   Las políticas del Estado argentino en la Patagonia
(1880-1930), provocaron que los inmigrantes árabe-hablantes[81] y los indígenas[82] locales considerasen dos respuestas
como prácticas posibles y legítimas (aunque antagónicas
y excluyentes): abandonar la zona o buscar el bienestar
local. Las diferencias que existieron en la relación arti-
culada por (y en) cada grupo, pueden ser comprendidas

---

[81]   A raíz de las políticas estatales en la Patagonia (1880-1930), "bolicheros" y
       "mercachifles", por ejemplo, actuaron como categorías mas efectivas para
       configurar diferencias identitarias, que el mismo origen inmigratorio.
       Interesante es la discusión entre Sapag y Barbieri al respecto (Sapag,
       337). Las asociaciones comunitarias de los inmigrantes de países árabes
       en la Patagonia, se originaron a partir de las similitudes culturales y de
       los intereses compartidos, y no a partir del credo u origen regional de
       los inmigrantes. En el año 1925 se fundaron las primeras instituciones
       árabes en la Patagonia: la Asociación Sirio-Libanesa de Beneficiencia y
       Socorros Mutuos de Esquel (Chubut), la Unión Sirio Libanense de Zapala
       (Neuquén) y la Asociación Sirio-Libanesa de Neuquén (Veneroni, 299).
       Nayib Sapag recuerda que "Entre el Centro Cultural Israelita y la Unión
       Sirio Libanense creamos la Biblioteca de Zapala, que funcionó muchos
       años en el salón de nuestra entidad. En el salón de la colectividad judía
       se hacían fiestas todos los sábados, ambas colectividades éramos muy
       unidas, y buenos vecinos y amigos, nos apoyábamos entre nosotros".
       Koon, Ricardo (2000), *Pioneros judíos del desierto. Neuquén y Río Negro
       (1879-1939)*, Argentina, Investigación Histórica, p. 242.

[82]   La identidad colectiva de "indios" –por indígenas patagónicos– se cons-
       truyó principalmente, por su papel en el mercado laboral local, y no por
       sus características de grupo. Las instituciones del estado en la Patagonia
       (1880-1930), se refirieron así al "problema indio", para definir la (falta de)
       participación en el mercado del trabajo nacional, y no para dar cuenta
       de una identidad colectiva en la zona. El diputado Pereira, en el debate
       parlamentario de 1882, consideró que "No dudo que los indios, si no se
       les enseña a trabajar, trabajarán poco y robarán también. Pero esto no es
       estraño (sic) porque entre los que no son indios, en toda la República,
       hay muchísimos que roban. No es nada de estraño (sic) que los indios
       necesitados roben; hay mucha gente en nuestra campaña que siempre
       roba: es un mal que se padece en toda la República Argentina". Briones.
       Ibid., p. 80.

en función de los diferentes modos de participación en el proceso de modernización,[83] especialmente en el mercado laboral local.[84]

Las categorías sociales que definieron la identidad argentina en la zona, fueron construidas en función de la ubicación geográfica (territorial) y de los intereses de sus habitantes, y no, por ejemplo, en su etnicidad, raza o religión. Porque en la Patagonia (1880-1930), el "nosotros" argentino estuvo representado en una "vecindad" de carácter fomentista, referenciada en el "sur argentino". De esta manera, y acorde al "principio territorial como fundamento (...) de la construcción nacional argentina",[85] lo local se integró a lo nacional. Es decir, el interés por el bienestar local significó pertenecer al "territorio de la patria".

En este marco de "vecindad patagónica", los intereses y las prácticas localistas de los inmigrantes árabe-hablantes e indígenas en la Patagonia (1880-1930) se integraron (1) al principio territorial de la nación argentina, (2) al proceso de

---

[83]   Aspecto que se puede apreciar en la importancia que cada grupo le otorgó a (los accesos a) los bienes del país administrados por el Estado. Por ejemplo, en 1920, la empresa estatal Yacimientos Petrolíferos Fiscales fue para los indígenas patagónicos un mero empleador externo, proveniente de Buenos Aires, mientras que para los inmigrantes árabe-hablantes dedicados al comercio significó un cliente especial que invertía en la zona. Ver, entre otros, Favaro y Morinelli.

[84]   El aporte al mercado laboral del país, aspecto compartido y (supuestamente) unificador en la identidad nacional argentina, fue uno de los principales marcos de la diferencia entre "extranjeros" y argentinos" según el discurso hegemónico de Buenos Aires (y en Patagonia), también en 1926. Como señaló Bunge, "Los extranjeros que permanecen en las ciudades se dedican al comercio preferentemente, a punto que se puede decir que, en términos generales en nuestra República los argentinos se dedican a producir y los extranjeros a comerciar con la producción". Senkman, Leonardo, "Nacionalismo e Inmigración: La Cuestión Etnica en las Elites Liberales e Intelectuales Argentinas: 1919-1940", *E.I.A.L.*, Vol.1 N°1 – enero-junio, 1990, p. 86.

[85]   Quijada Mauriño. *Ibid.*, p. 847.

modernización impulsado por el Estado y (3) a los intereses del Gobierno Nacional, lo cual provocó que ambos grupos patagónicos se identificaran con el "nosotros" argentino, principalmente, a partir de la inclusión implícita de la Patagonia a la identidad nacional, en donde no se borraron las diferencias entre ambos grupos, sino que se acentuaron sus similitudes: habitar la Patagonia.

En esta etapa "fundacional" de la identidad nacional en la Patagonia, la "vecindad" configuró un "aquí", un "ahora" y un "nosotros" puramente local, en donde la identidad argentina significó, al mismo tiempo y paralelamente, un vínculo y una distancia con el centro nacional.

EL OTRO O EL MISMO.
EL POSITIVISMO EN LAS *CRÓNICAS DE VIAJE* DE JOSÉ INGENIEROS

Emmanuel Taub

> *La condición material de los pueblos suele corres-*
> *ponder a sus propias aptitudes para la lucha por*
> *la vida y para la mejor adaptación al medio. Ra-*
> *zas como la que puebla las peñas del archipiéla-*
> *go de Cabo Verde, tiene que ser miserables.*
>
> José Ingenieros.

I

Desde principios del siglo XIX, y hasta mediados de 1870, fue el periodo de conformación del complejo escenario de la estructura social y del Estado Nacional argentino; todos los aspectos y variables que lo hacen el tipode construcción histórica que es, desde su elaboración político-económica hasta su configuración social. Al mismo tiempo, podemos decir que desde finales del siglo XIX hasta las primeras décadas del siglo XX, el objetivo fue la construcción de una identidad nacional, la argentina.

Orden y progreso fueron los estandartes con los que se erigió el Estado Nacional: al mismo tiempo que la aparición y constitución de las condiciones económicas que se consolidan para una perspectiva de organización nacional determinada. El orden era el problema fundamental en la agenda de la política de la sociedad argentina, ya que desde él era posible comenzar a pensar en el progreso;

como a su vez el progreso era la condición de legitimidad
de aquel orden:

> [la] soberanía externa indisputada, autoridad institucionalizada en todo ámbito territorial, respaldada por el control
> monopólico de la coerción; diferenciación e integración del
> aparato institucional y centralización jurídico-legislativa;
> creación simbólica del consenso como fundamento legitimador de la supremacía del estado sobre toda otra instancia
> de poder alternativo.[86]

Es esta noción de orden, unida a la edificación del
aparato estatal, la que va a excluir a todos aquellos elementos que pudiesen estorbar o comprometer el progreso
y el avance de la "civilización", fuesen estos indios, montoneras u opositores. Es en este mismo acto en donde se
determina una idea de ciudadano para el futuro territorio
y Estado argentino. Se señala quién está dentro y quiénes
están fuera. El orden era la base necesaria, según la elite
oligárquica, para el progreso.

Es así que el agregado de valores y elementos que
desde la Revolución de Mayo pululaban por el sentido
de "ser argentino" comienzan a definirse y adquieren su
especificidad en este periodo. No es casualidad que lo que
en la mitad del siglo XIX fuese un valor fundamental para
crear el Estado argentino, la inmigración, desde este periodo en adelante comenzara a rebatirse y criticarse, hasta el
punto de sancionarse políticas, a principios del siglo XX,
de cierre de las fronteras y expulsión de los "indeseados".

Herederos y partícipes de una escuela científica,
pero también de una forma de vida, los hombres de la
Generación del '80, y sus sucesores, tuvieron en el centro

---

[86]   Oszlak, Oscar. "Reflexiones sobre la formación del Estado y la construcción de la Argentina", en *Desarrollo Económico*, N° 84, vol. XXI,
enero-marzo, 1982, p. 532. Para ampliar véase: *La formación del estado
argentino*, Editorial de Belgrano: Buenos Aires, 1982.

de la conformación de la identidad argentina y unieron, bajo las categorías y los fundamentos del positivismo, las bases de la exclusión de determinados grupos sociales con las fundamentos científicos por lo cual se los justificaba. Explicaron de manera científica la necesidad de determinar un adentro y un afuera en la identidad nacional, un nosotros y un ellos.

II

Junto al nacimiento de la sociología, el positivismo se transformó en el paradigma científico desde el que pensar la sociedad y sus problemáticas. Más allá del papel preponderante de August Comte como padre de la nueva ciencia y su importancia en el pensamiento argentino, es también el determinismo y las teorizaciones de Herbert Spencer, desde el positivismo y el evolucionismo, que por su pronta preeminencia en la conceptualización del mundo y, específicamente, al convertirse en la justificación teórico-científica con la que la Inglaterra colonialista justificó su accionar, el que encontrara entre los intelectuales argentinos una impronta similar a la de sus pares europeos.

Spencer fue "el gran arquitecto de la ideología evolucionista, perfectamente adaptada a las exigencias de la burguesía inglesa en lo interno y de su imperialismo colonial en lo internacional".[87] Su teoría se convirtió también en la justificación ideológica del capitalismo, a través de su crítica al intervencionismo estatal, pero a diferencia de lo que fuesen las ideas netamente liberales, su tesis se centraba en impedir su interferencia en las leyes selectivas

---

[87] Zaffaroni, Eugenio. *Criminología. Aproximación desde un margen*, Bogotá: Temis, 1998, p. 138.

naturales de la sociedad, el avance de los más fuertes y los más dotados.

En su conceptualización sobre la organicidad de la sociedad, analiza el traspaso de las formas homogéneas a formas cada vez más heterogéneas, debido a la evolución de la sociedad y a través de una mayor especialización de sus funciones: "la diferenciación progresiva de estructuras se acompaña de una diferenciación progresiva."[88] De esta manera, creía Spencer, las sociedades producirían individuos superiores, aquellos capaces de hacer que se eleven sus naciones.

Spencer contribuye a difundir la estereotipación racista acerca de las culturas colonizadas, por lo que su ideología termina conformando una sistematización resumible en la tríada poder gobernante, justificación científica e identificación de un otro negativizado que es inferior y que interfiere en la evolución:

> el "Estado gendarme", degradado a una mínima intervención, como consecuencia de un conocimiento "científico" del organismo social; la "ciencia" explicando la necesidad de la lucha violenta por la supervivencia como motor de progreso; los pobres y los "vagos" dejados a suerte para que luchen y se fortalezcan; el analfabetismo como una virtud que impide acudir a quimeras socialistas; las razas inferiores necesitadas de tutela de las superiores para que aumenten lentamente su inteligencia, ya que éstas no pueden ser esclavizadas debido a su inmodificable condición biológica de inferioridad sino sólo "tuteladas" hasta su "mayoría de edad".[89]

Desde los pasados tres cuartos del siglo XIX, ser científico en Europa equivalía a ser positivo, así como también

---

[88]   Di Filippo, Josefina. *La sociedad como representación. Paradigmas intelectuales del Siglo XIX*, Buenos Aires: Siglo XXI, 2003, p. 93.

[89]   Zaffaroni, Eugenio. *Criminología. Aproximación desde un margen, op. cit.*, p. 140.

a compartir los postulados del evolucionismo. Argentina, ya centrada en una política inmigratoria, caminaba hacia el deseo oligárquico de conseguir una europeización de la sociedad. Pasadas ya las primeras décadas de la fiebre inmigratoria por poblar lo supuestamente "vacío" –o vaciado–, la idea sobre esta inmigración ya giraba en torno a un tipo definido de europeo a traer y con quien conformar la nueva sociedad argentina. Es ahí donde la consideración biologicista se fortalecía desde las líneas científicas que llegaron en el momento en que se necesitaba justificar la sociedad naciente. El progreso fue entonces, para la época, la legitimación científica de la ideología social predominante, y la idea de progreso se convirtió en un artículo de fe para la humanidad.[90]

Pero no era cualquier idea de progreso la que se hizo fuerte entre nosotros, sino en especial la idea spenceriana: la noción y justificación filosófica del progreso como una ley universal e irresistible. Un movimiento cósmico imposible de detener, pero diferenciado según las sociedades en su lógica evolutiva. En resumidas cuentas,

> un progreso evolutivo articulado ideológicamente en la clave de una matriz intensamente biologicista será la característica central de nuestro positivismo. Montada sobre la biología evolucionista, la "burguesía conquistadora" del ochenta hallará (...) una ideología legitimada por la ciencia moderna.[91]

Era, pues, esta lógica la que determinaría la mirada sobre cómo debía ser el trato con los otros. Ideas que trascendieron el marco de las ciencias naturales para alojarse en la

---

[90] Véase Bury, John B. *La idea del progreso*, Madrid: Alianza, 1971.

[91] Monserrat, Marcelo. *Ciencia, historia y sociedad en la Argentina del Siglo XIX*, Buenos Aires: Centro Editor de América Latina, 1993, p. 53. Véase también: Mayo, Carlos A. y García Molina, Fernando. *El positivismo en la política argentina (1880-1890)*, Buenos Aires: Centro Editor de América Latina, 1988.

configuración de las bases constitutivas del análisis político, la sociología, el derecho, la psicología o la criminología.

Si las décadas que siguieron a la independencia de las Provincias del Río de la Plata fueron el tiempo en el que era necesario enfocar todas las fuerzas para configurar la estructura y las instituciones propias de la formación de un Estado, recién hacia finales del siglo aparecen sistematizadas las ideas que justifican y llenan de sentido la identidad nacional. Esta sociedad nacional necesitaba una identidad, y esto fue lo que se comenzó a establecer en este momento histórico.

El desarrollo de las teorías positivistas y cientificistas, a partir de 1880, se dio paralelamente con el acelerado crecimiento económico y la institucionalización del sistema político, a su vez dado en medio de "apasionadas polémicas" con los medios sociales conservadores y católicos.[92] Este discurso positivista se establece principalmente en el sector oligárquico. Pero no sólo fue parte del discurso de esta clase, sino que también constituyó el trasfondo discursivo de una sociedad argentina en formación. Un discurso positivista que va más allá, porque su impregnancia se realiza en el momento en que la sociedad estaba formando su identidad política, social, económica y jurídica. Este discurso es parte del "ser nacional", instalándose en las profundidades de las raíces culturales.

Estandartes de un positivismo biologicista que en nuestras orillas se configuró definitivamente de manera ideológica, extendiéndose en los rincones del pensamiento, autores como Ameghino, Burmeister, Holmberg, Zeballos, Ramos Mejía y José Ingenieros configuraron un discurso que se mantuvo vivo en el interior de la sociedad nacional.

---

[92]   Shuster, Félix. "El concepto de ciencia", en Biagini, Hugo Edgardo (Comp.). *El movimiento positivista argentino*, Buenos Aires: Editorial de Belgrano, 1985, p. 323.

III

José Ingenieros fue uno de aquellos intelectuales que a través de su perspectiva universalizadora sintetizó el positivismo biologicista y organicista, conformando, en el seno de sus propios postulados, un discurso biologicista social y radical. Estudió medicina, teniendo como maestro a José María Ramos Mejía. Continuó su especialización en psiquiatría y criminología, y desde allí su interés giró en torno al estudio de las patologías mentales. Se hizo parte de la educación formal al ingresar en la Cátedra de Neurología del mismo Ramos Mejía y, desde 1904, en la Cátedra de Psicología Experimental en la Facultad de Filosofía y Letras. Pero también operó en un ejercicio público de su pensamiento, y de ahí su incidencia en nuestro pensamiento, ya que trabajó, entre otras cosas, en el Servicio de Observación de Alienados de la Policía de la Capital.

Este singular autor representa con claridad una especie de paradigma de análisis. Su pensamiento trascendió las fronteras disciplinarias, escribiendo desde ensayos filosóficos y sociológicos hasta estudios clínicos, psicológicos o criminológicos. Ingenieros forma parte de aquellos "científicos" que desde la sociedad argentina pregonaron las nociones de inferioridad racial de los mestizos, así como de los indios y los afrodescendientes. En Ingenieros coincide el conocimiento teórico y un saber construido a través de la experiencia, la buena pluma, y la notoriedad o incidencia política y académica que su obra supo tener. Es por ello que en este momento histórico, en el que quienes estaban construyendo la nación tenían, además, el saber científico, es posible observar cómo se expusieron estas ideas y cómo ellas conformaron nuestra mirada hacia los otros.

En este contexto, tanto en Argentina como en el resto de los países latinoamericanos, los autores que se hicieron voz de estas ideas sobre la alteridad y la biología, entendieron el peso político de los mulatos y mestizos creyendo que era necesario criminalizarlos y, de esta manera, continuar despellejándolos de la piel ciudadana. Ya que "tanto el poder central colonial como las oligarquías terratenientes, mineras y mercantiles de Latinoamérica conocían el papel protagónico enorme y decisivo que tuvo el pueblo mestizo y mulato en las luchas de independencia y eran concientes del peligro potencial que para sus intereses representaban".[93] Y es así como se iban creando las bases para el establecimiento de los Estados Nacionales latinoamericanos y las identidades de sus sociedades y culturas nacionales; se determinaba quiénes quedaban fuera de estos proyectos, excluidos también tanto de derechos políticos como sociales.

Ingenieros intentó constituir un sistema filosófico aplicado –desde la base del positivismo como núcleo conceptual– a todos sus estudios y, dentro de él, la conformación de un tipo de moralidad específica basada, fundamentalmente, en la idea de sociedad y progreso. Pensó en una "supra-moralidad discriminante", sostenida en quiénes consideraba selectos. Spencer fue uno de los referentes en su ambición de construir una arquitectura filosófica al estilo de los pensadores clásicos.[94]

La moral era el fundamento entorno al cual giraba su pensamiento, ya que dentro de la concepción de la humanidad como un momento en el universo, en este escenario, el hombre constituye el punto más alto de la evolución, y por ello es el que se encuentra capacitado para adquirir la personalidad moral. La moralidad es pertenencia única de los hombres superiores. Esto no es ajeno a las bases

---

[93]   Zaffaroni, Eugenio. *Criminología. Aproximación desde un margen,* op. cit., p. 145.

[94]   Demis, José Luis. "José Ingenieros (1877-1925)", en Biagini, Hugo (comp.). *El movimiento positivista argentino,* op. cit., p. 527.

propias del pensamiento positivista, que frente a la crisis moderna había proclamado una renovación intelectual y moral que se unía con la reorganización industrial en los países europeos.[95]

Es así que la base de su concepción evolucionista comienza a caer en los postulados elitistas que lo llevaran a pensar que en la cúspide de la evolución se encuentra el "hombre superior" y establece, a su vez, el cuadro de pertenencia de esta jerarquía, de esta posibilidad de pertenecer a la sociedad evolucionada.

Ingenieros fue de los primeros pensadores argentinos que leyeron y reprodujeron a la Escuela positiva italiana de criminología, escribiendo, por ejemplo, además de su *Criminología* (Madrid, 1913), artículos para la *Revista Criminología Moderna* –fundada por el anarquista lombrosiano Pedro Gori– o viajando como representante de la República al Quinto Congreso Internacional de Psicología celebrado en Roma en 1905, donde fue nombrado Presidente del panel de Psicología Patológica.

Ahora bien, la antropología evolucionista, que desde su primer trabajo –*La simulación de la locura* (Buenos Aires, 1903)– compone su pensamiento, terminará cayendo en el pensamiento racista evolutivo como explicación de la diferencia entre los hombres. Ingenieros aboga, parafraseando y resignificando a Nietzsche, por un hombre superior moral para toda la nueva raza: "la del superhombre destinada a surgir de la humanidad actual por evolución selectiva".[96] Ingenieros resignifica las ideas recogidas de las matrices positivistas, racistas y criminológicas en boga en Europa, para utilizarlas en su lectura de la realidad del país y el

---

[95]   Véase Di Filippo, Josefina. *La sociedad como representación...*, *op. cit.*, pp. 103-104.

[96]   Ingenieros, José. *Obras completas. Vol. 2: La simulación de la locura*, Buenos Aires: Elmer, 1956, p. 78.

continente. Denominador común, éste, de la ideología biologista de la oligarquía porteña en la construcción de la identidad nacional.

Debemos, sin embargo, enmarcar su pensamiento en una totalidad a la que representaba como hombre de su tiempo: Ingenieros considera a la ciencia como el camino para arribar a las verdades, y busca "constituir a la psicología, a la moral, a la lógica, a la estética como ciencias fundadas en la biología (...) como las estructuras racionales a través de las cuales se hace inteligible la evolución".[97] Para Ingenieros, el conocimiento, la ciencia y la experiencia –como origen de todo conocimiento científico, como el camino a la verdad– son interpretados y concebidos como funciones biológicas. Éstas dependen del nivel de desarrollo biológico y social alcanzado por el hombre. Hay en la base de su pensamiento una noción explícita de superioridad e inferioridad entre los hombres.

Entre los años 1905 y 1906, Ingenieros recorre Europa en busca de ese conocimiento europeizante que más tarde reconstruiría en el país. Visita universidades europeas concediendo presentaciones, conferencias, y representando al país en diferentes congresos internacionales. Producto de esta experiencia surgen sus *Crónicas de Viaje*, uno de los libros que evidencia de manera más cruda las líneas biologistas y evolucionistas de su pensamiento: "las páginas más racistas que hemos encontrado en América Latina".[98]

---

[97]   Demis, José Luis. "José Ingenieros (1877-1925)", *op. cit.*, p. 534.

[98]   Zaffaroni, Eugenio. *Criminología. Aproximación desde un margen, op. cit.*, p. 150.

IV

Luego de su visita a Verona, en 1905, Ingenieros escribe un pequeño texto llamado "Los amantes sublimes". En este reflexiona, a través del relato shakespeariano de Romeo y Julieta, sobre el amor apasionado y aquellos que aman, identificando la ciudad con la familia y ubicando allí los arrebatos amorosos de la clásica historia de la literatura.

Es en este contexto en el que deja en claro que no es posible el amor para el "vulgar", que la vulgaridad es cuestión de atraso, de una masa de gente que ni siquiera merece ser identificada como una clase social:

> Vulgaridad es lo propio del vulgo. El vulgo ya no es la denominación de una clase social; hay vulgo en todas partes, entre el oro y la púrpura lo mismo que entre la escoria. La vulgaridad es deficiencia del corazón, es incapacidad de ideal, es lo inestético, la grosería, la sordidez.[99]

Y refuerza esta explicación diciendo que se tiene que emancipar el amor de la vulgaridad, y que solamente es posible esta tarea si se posee educación: de los sentimientos e "intelectual y gentilísima". Porque de no poseerla, no es posible amar, y es por ello que no ama el ser vulgar, aquel grosero y falto de estética personaje de nuestra sociedad.

Más curioso e interesante aún es "Jesús y Federico", ensayo escrito tras su paso, en el mismo año, por la ciudad de Roma. Cuenta y afirma que la locura ha marcado y determinado la moral humana en la historia de la humanidad, ya que han sido "dos célebres enfermos" los que la han polarizado: Cristo y Nietzsche. Ellos sintetizan la moral,

---

[99] Ingenieros, José. *Crónicas de Viaje. 1905-1906*, Buenos Aires: Ramón J. Roggero & Cía., 1951, p. 44.

según Ingenieros, detrás de las relaciones entre los seres humanos. Porque la moral es plausible de jerarquización: es así que la moral cristiana es la de los siervos, a los que entiende como sinónimo de débil; mientras que la moral nietzscheana es la moral de los más fuertes.

> En la ética de Galileo se encumbran las condiciones pasivas de la escoria humana, se exaltan las aptitudes serviles: la humanidad, la resignación, la piedad, la compasión, la caridad. Es una convergencia de todas las inferioridades; la justificación de los débiles contra los fuertes, de los serviles contra los altivos, de los ignorantes contra los sabios, de los eunucos contra los sensuales, de la grey contra el pastor, de los ceros contra las unidades. Apoteosis de las lacras contra la salud, de la tristeza contra la alegría, de la penitencia contra el placer.[100]

Y allí proclama Ingenieros a Nietzsche como el profeta anunciador de la necesidad de que la especie humana deba ser superada, porque el hombre es un puente, como dice, entre el mono y un ser superior –el superhombre– y escribe: "La moral de Cristo deprime y encarnece la Vida; la moral de Nietzsche la hermosea y la exalta".[101]

Pero las diferencias entre ambos "locos" se profundizan, ya que el problema que se encuentra en la base del pensamiento de Cristo es su contraste con la idea de "selección humana" y, como consecuencia, conlleva a un camino de descenso evolutivo de la especie. En cambio, reconoce que la moral de "Federico" es apta para complementarse con las leyes fundamentales de la biología: ciencia y filosofía se unen, y logra justificar así sus palabras, tanto –podríamos decir– desde lo óntico como desde lo ontológico.

---

[100]   *Ibid.*, p. 121.
[101]   *Ibid.*, p. 122.

Por último, explica la causa de la "popularidad" del pensamiento cristiano, fundamentado básicamente en la inferioridad de los más pobres y gracias a su propia inferioridad, característica propia de la gleba, dice, del vulgo, que es sinónimo de débiles, ignorantes, pobres de espíritu, cobardes, serviles, gregarios; aquellos que en las sociedades, según Ingenieros, son los más. Frente a ellos, están los impopulares seguidores de la moral de Zaratustra, aquellos privilegiados de todas las verdades, hacedores del saber: "Los fuertes, los hermosos, los inteligentes, los sensuales, los dominadores".[102] Ingenieros intenta legitimar sus palabras explicando que a través de la "clínica psiquiátrica" puede diagnosticarse y entenderse "científicamente" a estos personajes, a estos dos "enfermos ilustres".

Luego de su participación en el Quinto Congreso Internacional de Psicología, Ingenieros describe que el pensamiento refleja y asume el medio ambiente en el que se desarrolla y es por ello que, como además el cerebro es el órgano encargado de "espiritualizar la naturaleza" y reunir todas las imágenes, la psicología ocupa un lugar en los "dominios de la biología". Explica que "la psiquis seguirá siendo un vasto y profundo mar inexplorado sin el concurso de las ciencias biológicas y aun de la patología, la cual nos revela muchos fenómenos que pasan inadvertidos durante el funcionamiento normal".[103] Es así que la psicología pueda aplicarse a la educación, porque contribuye, como sostiene Ingenieros, a que la educación amplíe su conocimiento sobre la naturaleza humana, en vistas de su perfeccionamiento y en su necesidad de evolución del hombre individual y social.

---

[102] *Ibid.*, p. 123.

[103] *Ibid.*, p. 135.

Compartiendo la mesa de exposición con Lombroso, Ferri y Sommer, fundadores los dos primeros de la Escuela positivista italiana de derecho penal y cuna de la criminología moderna, Ingenieros desacredita en general el pensamiento lombrosiano, a excepción de la importancia que le atribuye a su estudio sobre delincuentes para entender el "determinismo del delito". Con el eje en la discusión sobre la necesidad de plantear el pasaje del estudio de las anomalías antropológicas de los delincuentes al de sus anormalidades psicológicas, Ingenieros describe que Sommer, con el apoyo de Lombroso, planteó el paralelismo de los caracteres físicos y psíquicos de la degeneración.

Frente a ello, Ingenieros explica que los caracteres físicos degenerativos no presentan diferencias significativas en los delincuentes, sino que son comunes a todos los degenerados. Es por esta razón que los caracteres psíquicos son los que hacen las diferencias.[104] Básicamente, lo que el representante argentino propone es traspasar la línea analítica, enfocada solamente en lo físico, y la necesaria relevancia de la psicopatología en el análisis antropológico de la delincuencia.

Ingenieros hace especial referencia, entre todos los exponentes que ha podido oír, al Profesor Nicéforo. Su trabajo –que le llama la atención– se centra en un estudio sobre los "pobres" desde el punto de vista de la aplicación científica de los conocimientos de la antropometría, la psicología y la higiene: "conviene estudiar al pobre de carne y hueso, haciendo su estudio natural, como la zoología estudia al cisne, la botánica a la caña de azúcar y la mineralogía a la piedra pómez".[105] Es necesario –como propone Nicéforo– estudiar al hombre pobre como exponente concreto de

---

[104]   *Ibid.*, pp. 165-166.
[105]   *Ibid.*, p. 167.

la miseria. Y, acordando con estos alegatos, Ingenieros reflexiona sobre el papel del "miserable", porque esta clase social es "étnicamente" equivalente -según él- a los pueblos primitivos, ya que a través de exámenes (de los caracteres físicos, fisiológicos y psicológicos) demuestran inferioridad física e intelectual. Por lo que escribe que "las clases pobres constituyen una verdadera raza atrasada dentro del medio en que viven", lo que demuestra, según Nicéforo -y lo que es "a todas luces evidente" según Ingenieros- "la inferioridad biológica e intelectual de los miserables".[106]

V

"Las razas inferiores", texto escrito luego de su visita a San Vicente en 1905 es, básicamente, un manifiesto degenerativo, racista y explícitamente determinista en cuanto a las diferencias que, según Ingenieros, existen entre los hombres negros -y su cultura- y el resto de los hombres blancos; un verdadero elitismo de la raza blanca.

Basado en su experiencia en Cabo Verde, la descripción que realiza no escasea en la utilización de categorías raciales, cromáticas y degradantes utilizadas de manera negativizadora. Como señala, al comenzar con este artículo proveniente de sus "viajes en busca de saber", su llegada al "espectáculo harto vulgar" de la "turba de negros" intentando atrapar una moneda era un ejemplo indigno de ser descrito y además, señal patente de la "lasitud moral" de estas "razas inferiores".[107]

Se pregunta cómo se resuelven los problemas sociológicos (a los que considera que son de "política científica"),

---

[106]   *Ibid.*, p. 169.
[107]   *Ibid.*, p. 184.

cómo hay que pensarlos, ya que el ver a esa población le sugiere cuestiones que van desde los problemas de las razas, la nacionalidad, la esclavitud, así como también los paralelos históricos. Específicamente, desea reflexionar sobre la contribución y el papel de la población negra "en la formación del pueblo y el carácter americano". Escribe puntualmente que "los negros importados a las colonias eran, con toda probabilidad, semejantes a los que pueblan San Vicente: una oprobiosa escoria de la especie humana",[108] a los que no sólo los considera lo peor de lo peor en lo que, según él, es la escala jerárquica de la humanidad, sino que, además, realiza una universalización de esta conceptualización particularizada de la realidad (trans-histórica), por lo cual asigna lo mismo que le señala a la población caboverdiana a toda la población africana que pobló América a través del proceso de esclavización que los obligó a llegar a estas orillas.[109]

Luego de esta descripción sobre el "imaginado" para-lelismo entre las características de la población de Cabo Verde y los esclavos de la época colonial, Ingenieros justifica y analiza el papel de la esclavitud sobre estas poblaciones. Según él, la esclavitud –a la que entiende como una "función protectiva y como organización del trabajo"– funcionaría a la manera de una sanción política y legal de una realidad biológica. La esclavitud debió mantenerse para el propio beneficio de "estos desgraciados, de la misma manera que el derecho civil establece la tutela para todos los incapaces y con la misma generosidad con que asila en colonias a los alienados y se protege a los animales".[110]

---

[108]   *Ibid.*, p. 185.

[109]   Véase Jameson, Frederic y Zizek, Slavoj. *Estudios Culturales. Reflexiones sobre el multiculturalismo*, Buenos Aires: Paidós, 2003.

[110]   Ingenieros, José. *Crónicas de Viaje. 1905-1906, op. cit.*, p. 185.

Una vez dadas sus primeras sensaciones sobre estos hombres comienza, "al margen de la ciencia", a realizar un análisis sociológico sobre las implicancias y el futuro de ellos. Es así como advierte que no todos los derechos son iguales, y que la universalidad de los derechos del hombre sólo es válida para aquellos que pertenecen al mismo grado de civilización y la misma etapa de evolución biológica. Para Ingenieros, los derechos no son universales, sino que dependen de una selección biológica y de un mérito evolutivo para obtenerlos. Lector de las teorías del Conde de Gobineau, afirma, al igual que el autor francés, que no todas las "razas humanas" son iguales, ni están igualmente civilizadas: los negros ni siquiera pueden considerarse una raza inferior, ya que son incivilizables: "Los hombres de las razas blancas, aun en sus grupos étnicos más inferiores, distan un abismo de estos seres, que parecen más próximos de los monos antropoides que de los blancos civilizados".[111]

Es así que, en referencia a los "negros de América", cualquier tipo de intento a su favor es una pérdida de tiempo y una tarea anticientífica, y lo único válido que podría hacerse sería protegerlos:

> para que se extingan agradablemente, facilitando la adaptación provisional de los que por excepción puedan hacerlo. Es necesario ser piadosos con estas piltrafas de carne humana; conviene tratarlos bien, por lo menos como a las tortugas seculares del Jardín Zoológico de Londres o a los avestruces adiestrados que pasean en el de Amberes.[112]

Ingenieros no sólo expresa en su discurso racista rasgos analíticos sino que propone un tipo de relación social a establecer con estas minorías llegadas a América, a las cuales les predestina la muerte por su "incapacidad" evolutiva

---

[111]   *Ibid.*, p. 186.
[112]   *Ibid.*, p. 188.

y adaptable. Al mismo tiempo, al comparar el trato que debe dárseles con los animales de los zoológicos, lo hace específicamente con los "europeos", mostrando una vez más ese deseo y necesidad de pararse frente al otro desde éste pensamiento "legitimado", base de su deseo europeizante de una identidad argentina. Es así que termina indicando, sobre los africanos en el país, que:

> sería absurdo tender a su conservación indefinida, así como favorecer la cruza de negros y blancos. Ya que la propia experiencia de los argentinos está revelando cuán nefasta ha sido la influencia del mulataje en la argamasa de nuestra población, actuando como levadura de nuestras más funestas fermentaciones de multitudes, según lo enseñaban desde Sarmiento, Mitre y López, hasta Ramos Mejía, Bunge y Ayarragaray.[113]

Todo este pensamiento se enmarca –al igual que en su momento lo fuera el de Spencer– en la política exterior llevada adelante por los grandes Estados, especialmente –en el caso de Ingenieros– en sus descripciones, y teoría, sobre el "Imperialismo". Por ello, luego de su visita a Berlín en 1906, escribe sobre el rol histórico de "Inglaterra ayer, Alemania hoy y Estados Unidos mañana".

Este proceso es lógico, ya que sigue –indica– al curso evolutivo en la ley de la lucha por la vida. Su explicación sobre el imperialismo es una analogía con lo que el considera la evolución biológica: "cada agregado social tiene que luchar por la vida con los que coexisten en el tiempo y lo limitan en el espacio. Los más fuertes vencen a los débiles, los asimilan como provincias y los explotan como colonias".[114]

---

[113] *Idem.*

[114] *Ibid.*, p. 222.

El tipo medio del hombre alemán, el inglés o el norteamericano, explica, tiene rasgos psicológicos comunes
que concuerdan en el sentimiento imperialista que los
caracteriza. Bajo las ideas nietzscheanas, a las que constantemente resignifica, comenta que los hombres propios
de estas culturas creen principalmente en la existencia de
una superioridad étnica de su raza y de la preponderancia política de sus países: una superioridad basada en la
prosperidad económica y en la idea de progreso constante,
tanto como en la pertenencia a la vanguardia de la marcha
de la civilización. Ingenieros comenta que existe un "sentimiento de potencia" que es la concreción patológica del
sentimiento imperialista. Ésta es:

> la exaltación mórbida de la raza y del individuo por el culto
> de los héroes y del esfuerzo personal, es la aspiración al
> más alto y más lejos a favor de la selección y de la jerarquía,
> remachando la disciplina para los débiles y los siervos, al
> par que instituyendo una moral de fuerza para los pueblos
> y los hombres dominadores.[115]

Así, finalmente, Ingenieros se arriesga a colocar a la
Argentina en este camino hacia la civilización y el progreso, preguntándose si después del crecimiento de la
joven Estados Unidos y del adolescente Japón, Argentina
y Australia no llegarán a influir de manera cardinal en la
civilización del mundo entero. Proponiendo un "destino
manifiesto" de la nación en la historia de la humanidad,
se suma a la idea de que no cualquiera puede ser parte de
la sociedad argentina, que es preciso establecer quiénes
sirven y quiénes no, para no atrasar al país en su búsqueda
del liderazgo.

---

[115] *Ibid.*, p. 230.

VI

Ingenieros construye un discurso que se deslizó en la identidad argentina, determinando desde allí la forma en que se debían establecer las relaciones de alteridad y la mirada hacia uno y hacia los otros, estableciendo los límites identitarios de la sociedad.

Argentina, a través de la dirigencia de la Generación del '80 se despojó –como bien señala Alejandro Korn–[116] de su máscara ingénita con el pretexto de europeizarse. Pero también se despojó, o intentó hacerlo, de todos aquellos que no entraban en las configuraciones de una tipología determinada de "ciudadano querido". El positivismo europeo, bajo la lectura que le dieron los pensadores argentinos como José Ingenieros, ayudó a la edificación de esta perspectiva social y política que aún resuena en los derroteros de nuestra cultura nacional.

---

[116] Korn, Alejandro. *Influencias filosóficas en la Evolución Nacional*, Buenos Aires: Claridad Aires, p. 175.

LA CIRCULACIÓN INTERNACIONAL DE LAS IDEAS Y LA CREACIÓN DE UNA CULTURA JUDÍA EN AMÉRICA LATINA. MÁXIMO YAGUPSKY Y LA EDITORIAL ISRAEL, 1938-1964[117]

Alejandro Dujovne

El desarrollo de las diversas expresiones políticas y culturales judías en América Latina a lo largo de las décadas no fue el resultado natural o espontáneo de la presencia de inmigrantes de este origen y de sus descendientes. Este despliegue fue, por el contrario, producto de la acción, a veces convergente, a veces encontrada, de instituciones, actores políticos y emprendedores culturales, locales y transnacionales, que invirtieron tiempo, energía y dinero para que ello sucediera. Ahora, si tenemos en cuenta que para lograr eso precisaron tanto del acceso al acervo cultural literario plasmado en distintos idiomas como del contacto con los grandes centros contemporáneos de cultura judía, y, al mismo tiempo, constatamos que estos hombres y mujeres no sólo se encontraban a mucha distancia de los grandes y antiguos centros de la vida judía de Europa oriental y de los emergentes polos neoyorquino y palestino (devenido Israel en 1948), sino que además se toparon con una lengua, el castellano, en la que no existía una tradición moderna de cultura judía, su acción se vuelve aun más significativa.

En el transcurso de este proceso histórico, el libro desempeñó un rol fundamental en la medida en que funcionó

---

[117] El presente texto es una versión abreviada del Capítulo 6 de la tesis doctoral inédita "Impresiones del judaísmo. Una sociología histórica de la producción y circulación transnacional del libro en el colectivo social judío de Buenos Aires, 1919-1979" (2010).

como medio de contacto con los centros judíos de otras regiones y continentes, a la vez que como laboratorio de experimentación política y cultural. Y, por otra parte, la ciudad de Buenos Aires operó desde principios del siglo XX en adelante como un nodo clave entre estos polos históricos y la región. En efecto, a la par de la importación y edición local de obras en idish (y en menor medida en hebreo) que colocaron a la ciudad entre los principales centros editoriales en esta lengua, la ciudad se erigió como el principal polo de traducción, publicación y exportación de libros en castellano de esta clase a los distintos países latinoamericanos. Pero este papel de nodo no puede ser entendido en términos de mera reproducción mecánica de las expresiones culturales contenidas en el acervo literario judío o producidas en lejanos centros judíos, sino que, por el contrario, éste fue un rol activo que incidió en el tipo de oferta producida. En este sentido, la tarea editorial adquiere una significación sociológica que no ha sido percibida en toda su dimensión para comprender la conformación y desenvolvimiento del complejo universo cultural de la diáspora judía en América Latina.

De esta suerte, en estas páginas exploraremos este fenómeno desde un caso particular: el del emprendedor cultural e intelectual Máximo Yagupsky y la Editorial Israel (1938-1964),[118] sello que renovó la lógica editorial judía en castellano y que tuvo en Yagupsky a uno de sus referentes inequívocos. Analizaremos el modo en que la trayectoria de Yagupsky (es decir, el proceso de acumulación singular de determinados capitales culturales y sociales y la formación de cierta sensibilidad e intereses) se expresó en un proyecto cultural y político que tuvo un alcance y efectos sociales extensos. Asimismo, esta perspectiva nos

---

[118] Si bien el sello continuará publicando por algunos años más, se tratará sólo de reimpresiones de libros editados originalmente entre estos años.

permitirá acercarnos a las tramas sociales y culturales de un sector del judaísmo argentino.

I. El editor de libros "de interés judío"

El editor, quien para Pierre Bourdieu es aquel que "tiene el poder totalmente extraordinario de asegurar la *publicación*, es decir, de hacer acceder un texto y un autor a la existencia *pública*",[119] adquiere, en el caso de sellos orientados a la traducción, funciones específicas que se enmarcan en el proceso de circulación internacional de las ideas, también estudiado por Bourdieu.[120] Gustavo Sorá señala, en este sentido, que el editor realiza diversos actos de selección (¿qué se traduce?, ¿quién traduce?, ¿quién publica?), de apropiación, de transferencia, de marcación, de imposición de sentidos ("por fuerza de las formas de clasificación y orientación de sentido del sello editorial, como la inclusión en una colección, o las notas del traductor, del prefaciador, etcétera"[121]). De este modo, para Sorá, estudiar los criterios e instrumentos utilizados para efectuar una traducción, tanto como las informaciones que comunica explícitamente el libro, permite abordar los fundamentos sociales de las elecciones arbitrarias de los textos a ser importados por otra comunidad de lectores. No obstante esta centralidad en la introducción y presentación de obras extranjeras, el editor es una figura poco visible. Invisibilidad debida, en buena medida, a que el éxito de su acción se expresa en la confección de la obra

---

[119] Bourdieu, Pierre. "Una revolución conservadora en la edición", en *Intelectuales, política y poder*, Buenos Aires: Eudeba, 2000, p. 223.

[120] *Ibid.*

[121] Sorá, Gustavo. *Traducir al Brasil. Una antropología de la circulación internacional de las ideas*, Buenos Aires: del Zorzal, 2003, p. 36.

y en la acumulación de prestigio del sello, pero no en la
exposición de su nombre.

En el universo de sellos orientados de manera exclusiva a la publicación de libros "de interés judíos" (tal era
la designación utilizada por los propios actores), no nos
es posible hablar de editores en sentido estricto, ya que es
difícil encontrar a individuos dedicados de forma única a
la labor editorial, como en el caso de campos editoriales
altamente diferenciados como, por ejemplo, para seguir
con Bourdieu, el francés moderno. Lo que encontramos,
por contraste, es un abanico de agentes que actuaban en
distintas esferas de la vida política, cultural e institucional
judía y que, como parte de su accionar, destinaban parte de
su tiempo a la tarea de edición. Esta característica constituye
un rasgo fundamental para comprender la singularidad
del espacio editorial judío, en tanto la disposición de estos
actores por invertir en la publicación de libros estaba estre-
chamente ligada a su deseo de incidir en términos políticos
y culturales sobre la orientación de la vida comunitaria.

II. La producción editorial judía de posguerra

El ascenso del nazismo en Alemania y el despliegue
del antisemitismo vernáculo en la década de 1930 primero,
y el estallido de la guerra después, reconfiguraron el orden
político y cultural de parte importante de la intelectualidad
judía de habla castellana. La perspectiva liberal desde la
cual habían propugnado su integración al país perdió durante esta etapa su carácter más celebratorio y optimista
para dejar paso a la reafirmación nacional judía en clave
sionista. Este pasaje tuvo su expresión concreta en el tipo
de producción editorial. Así, aunque sin desaparecer las
experiencias de publicaciones que proponían una concepción universalista de lo judío de carácter liberal, desde

fines de la década de 1930 en adelante se abre una nueva etapa a través de la creación de nuevos sellos.

Las editoriales que participaron de la nueva oferta de títulos fueron de muy variado tipo (autoediciones, pequeños sellos de efímera existencia, ejercicios editoriales de instituciones y fuerzas políticas judías, locales e internacionales, casas editoriales privadas orientadas de manera exclusiva a la publicación de temas judíos y empresas comerciales generales no judías que publicaron libros "de interés judío" a través de colecciones o de forma aislada). Sin embargo, la porción más significativa fue la producción de cinco sellos (Israel, Sigal, Candelabro, Yehuda y Acervo Cultural) que se especializaron en la publicación de títulos de temas judíos en castellano y que, a pesar de que alcanzaban a un público de habla castellana más amplio, tenían especial interés en el lector judío.

Desde inicios de la década de 1940 hasta, por lo menos, los primeros años de la de 1970, las editoriales judías argentinas fueron la principal fuente de libros de temática judía en lengua castellana para los mercados latinoamericanos. Esta circunstancia era percibida con claridad por algunos actores de la época. Así, el editorial de la revista literaria *Judaica* de marzo de 1946 decía:

> En cuanto a la parte expresada en castellano (...) va tomando también formas cada vez más concretas. A los balbuceos iniciales de los primeros tiempos, a las revistas confeccionadas por improvisadores, a la publicación de tímidos folletos, ha seguido una prensa profesional, y una red, no muy abundante todavía, pero de existencia asegurada, de editoriales mercantiles o idealistas que se empeñan en hacer conocer en castellano las obras, sobre todo traducidas, del pensamiento y la imaginación judías. Esta actividad, orientada principalmente sobre la juventud israelita, se desarrolla continuamente y acentúa más y más el carácter autóctono de las actividades culturales judaicas dentro de la Argentina y, por ende, de la América de habla española.

Esta situación explica, pues, que la colectividad israelita argentina resulte de hecho la orientadora de los demás núcleos judíos de la Amérca del Sur.

La Editorial Israel, el primer y más importante sello del período, irrumpió en el espacio cultural judío de lengua castellana de Buenos Aires como una propuesta innovadora. No se trataba de la iniciativa editorial de una institución social y cultural como en el caso de la experiencia pionera de la Sociedad Hebraica Argentina, ni de una colección diferenciada dentro de un sello general como en el caso de Manuel Gleizer, contemporánea a los primeros años de Israel. Por contraste con éstos, Israel se presentó desde el primer momento como un proyecto editorial privado especializado en temas judíos.

A lo largo de sus 27 años de existencia (1938-1964), Israel editó 72 títulos en castellano –muchos de los cuales fueron reeditados al menos en una oportunidad– y uno en hebreo. Del conjunto del catálogo, 64 libros corresponden a traducciones desde el alemán, inglés, hebreo y, excepcionalmente, idish. Además del carácter sistemático de la empresa y del volumen total de títulos publicados a lo largo del tiempo, el sello se destacó por haber introducido un conjunto de orientaciones culturales e ideológicas renovadoras para la vida judía de habla hispana. Esto es, introdujo obras fundamentales del pensamiento sionista, las primeras expresiones de la literatura hebrea moderna, estudios y ensayos históricos judíos de origen norteamericano y al menos una obra específica pero muy renovadora de la tradición religiosa.

La primera noticia acerca de la creación de la editorial aparece el 11 de noviembre de 1937 en el semanario *Mundo Israelita*. Éste dice:

> Acaba de fundarse en Buenos Aires, con el auspicio de un grupo de amigos del libro judío, la editorial "Israel", que

tiene el propósito de publicar una serie de obras de autores hebreos contemporáneos. En pequeños volúmenes, de presentación agradable, esta editorial desea hacer llegar al lector de habla castellana una selección de la riqueza literaria netamente judía, excluyendo a los escritos sobre el antisemitismo o temas de carácter polémico.

A renglón seguido, la nota ofrecía los nombres de una serie de colaboradores y traductores que "prometieron su concurso": Máximo Yagupsky, Aarón Spivak, Lázaro Liacho, León Dujovne, Luis Kardúner, Sigfrido Krebs y Pablo Link. A través del capital simbólico provisto por estos nombres que, sobre todo en el caso de algunos, habían conquistado cierto reconocimiento en el ámbito de la cultura judía en castellano, la editorial buscaba exponer la fuerza desde la cual partía y distinguirse de las experiencias editoriales precedentes. La breve nota concluía convocando a "todos los escritores judíos en lengua castellana" y a los "bibliófilos en general" a hacer llegar sus sugerencias sobre la "mejor forma de proporcionar a nuestros correligionarios de Sud América lo que les falta: el libro judío".

III. La trayectoria social de Máximo Yagupsky

La fuerza y perdurabilidad del proyecto se nutrió de la complementación entre los diversos capitales que José Mirelman y Máximo Yagupsky, cofundadores y coeditores del sello, aportaron. Si bien ambos contaban con una notable formación intelectual y compartían una decidida adhesión al credo sionista, había notorias diferencias entre uno y otro. José Mirelman, quien había arribado al país desde Suiza, donde había vivido su infancia y adolescencia y luego cursado sus estudios universitarios de economía, tenía, gracias a ello, un amplio conocimiento de la producción editorial judía contemporánea en lengua alemana.

Tras llegar a Buenos Aires comenzó a desplegar una intensa actividad política dentro del movimiento sionista, siendo por largos años, hasta su emigración a Israel en 1949, el referente más destacado de la derecha sionista en el país. Pero el aporte más significativo de Mirelman, no porque su contribución intelectual haya sido poco valiosa, fue el respaldo financiero que le brindó al proyecto en tanto le permitió afianzarse y escapar en buena medida a su dependencia exclusiva de la respuesta del mercado. Su fortuna provenía de la poderosa empresa textil local de la que era dueño junto a sus hermanos.

Cabe detenernos ahora en la trayectoria de Máximo Yagupsky, pues nos interesa observar de qué modo su trayectoria se tradujo en elecciones editoriales concretas. Yagupsky perteneció a la primera generación de judíos argentinos nativos nacidos en las colonias agrícolas judías. Hijo de inmigrantes de Europa Oriental, Yagupsky nació en 1906 en la colonia entrerriana de La Capilla, luego llamada Miguel Sajaroff, como el cuarto de siete hermanos.[122] Como tantos otros miembros de esta generación, al finalizar sus estudios secundarios dejó la colonia, atraído por las oportunidades educativas, culturales y económicas que ofrecían las grandes ciudades argentinas, en particular Buenos Aires. Y, también al igual que tantos otros que buscaban su lugar social en los años posteriores al Centenario, adhirió, aunque con matices propios, al credo liberal y a la cultura en lengua castellana como divisas de integración a la nación argentina.

---

[122] El padre de Máximo llegó al país desde Rumania con 13 años de edad junto su familia. El abuelo de Máximo había realizado estudios de religión y, al igual que después lo haría su hijo, se desempeñaba como matarife ritual y "perito en circuncisión", funciones de importancia dentro de la tradición religiosa.

Máximo Yagupsky se distinguió de sus pares generacionales en algunos puntos fundamentales. A diferencia del común de ellos recibió una fuerte formación bíblica y de lengua hebrea. Su padre, Efraím, quien pertenecía a la pequeña aristocracia del saber tradicional judío de las colonias de las primeras décadas del siglo XX, se desempeñaba como matarife ritual, *mohel* ("perito en circuncisión") y oficiante de rabino ante la ausencia de uno en su pueblo.

De entre los hijos varones, Máximo fue el elegido por Efraím para cumplir sus deseos de contar con un doctor o un rabino en la familia. Y para el segundo destino, llegó incluso a aspirar a que se trasladara a Polonia a estudiar en una escuela de formación religiosa tradicional. Si bien finalmente ninguno de ésos fue el camino seguido por Máximo, su padre lo orientó en aquella dirección de manera decidida, privilegiando durante su infancia y adolescencia su estudio de la lengua hebrea y de los textos religiosos judíos por sobre la educación formal estatal. Una vez en edad universitaria, se trasladó a Buenos Aires con el objeto de emprender la carrera de abogacía. Aunque no la concluyó debido al creciente compromiso y demanda que su trabajo en la educación judía le insumía.

Al arribar a Buenos Aires, hacia mediados de la década de 1920, Máximo Yagupsky comenzó a trabajar como maestro en las escuelas complementarias de la organización escolar judía más importante de la época. Con el tiempo, fue designado primero inspector y más adelante director de esta organización. Su contratación y ascenso se convirtieron en pasos clave para su posterior trayectoria en al menos dos sentidos importantes. Por una parte, su actividad lo condujo a recorrer y conocer de primera mano distintas comunidades judías del interior del país y de países vecinos (Uruguay, Paraguay, Chile, Bolivia y Perú). Y, por la otra, lo acercó e hizo parte de la elite social y cultural judía de habla castellana de Buenos Aires. La

obtención de la dirección del nuevo suplemento literario
mensual de *Mundo Israelita* en 1938, principal semanario en lengua castellana que, para ese entonces, ya había
dejado de lado sus reticencias acerca del sionismo, fue un
signo de consagración intelectual dentro del medio judío
y una manifestación del lugar ganado dentro de esta elite.

Al igual que el aprendizaje de la lengua hebrea y de
la literatura religiosa tradicional, la inclinación sionista
de Máximo Yagupsky tiene su origen en su infancia en
las colonias. Siendo reforzada luego por la influencia que
ejerció durante su adolescencia su tío, el activista sionista
Israel Yagupsky. No obstante, y tal como lo manifiestan
sus intervenciones públicas en *Mundo Israelita* y la revista
Judaica de las décadas de 1920 y 1930, su sionismo mantuvo cierta distancia de las expresiones más comunes de la
época, pues su adhesión estuvo más ligada a la emergencia
y evolución de la literatura hebrea moderna que a su faz
puramente política.

La dimensión idiomática ocupa un sitio clave dentro de
su trayectoria, y es de suma importancia para comprender
sus elecciones editoriales. Desde niño, Máximo Yagupsky
dominó tres lenguas: hebreo, idish y castellano.[123] Si bien
la competencia en el manejo de éstas fue muy importante
para su futura trayectoria, fueron los valores atribuidos y
las funciones asignadas a cada lengua lo que condicionó la
orientación de sus apuestas culturales y políticas. Mientras
el hebreo era, tal como vimos, la lengua a la que el joven
Yagupsky debía consagrarse porque en ella se hallaban
plasmados los fundamentos de la propia tradición, el idish
aparecía como el idioma coloquial de la casa y de la colonia,
como una lengua carente de valor más allá del de ser un
mero instrumento de comunicación. El castellano, por su

---

[123] Más tarde aprendió inglés en EEUU, y, de acuerdo a su hijo Guido, podía
llegar a leer alemán con un diccionario al lado.

parte, era la lengua de la escuela y del país, y en tanto tal, adquiriría cada vez más valor en su vida a medida que se integrara al ambiente cultural de Buenos Aires.

Esta acumulación de capitales sociales y culturales le abrieron una serie de oportunidades profesionales y sociales, orientaron parte de sus decisiones y proyectos culturales, al tiempo que, por otra parte, limitaron otras posibles alternativas. Es decir, mientras más saberes específicamente judíos acumuló, mayores fueron sus posibilidades profesionales dentro del mundo judío; y, de manera inversa, mientras menos capitales culturales universales acumuló, tal como un título universitario, su margen de opciones fuera del espacio judío fue más reducido.

Este recorrido hizo posible que en 1945 Yagupsky fuera invitado a Nueva York por el *Comité Judío Americano* (CJA), institución política de la elite liberal norteamericana, para evaluar la posibilidad de desarrollar un departamento latinoamericano. En 1948 Yagupsky retorna al país y, con el apoyo de algunas entidades de la elite social de la colectividad judía, abre la Oficina Sudamericana del Comité y crea el *Instituto Judío de Cultura e Información*. Sin embargo, su acción en el país no fue fácil en tanto el CJA era visto desde el sionismo local –que precisamente por aquellos años estaba afirmando su control de la vida institucional local– como la expresión más acabada del no sionismo norteamericano.[124] Y si bien con el correr del tiempo el CJA cambió su posición hasta convertirse en un fiel defensor del Estado de Israel, los sionistas argentinos

---

[124] Al respecto, ver las siguientes editoriales y notas de *Mundo Israelita*: "Cuestión de conciencia y disciplina democrática", 5 de febrero de 1944; "Van Passen Desenmascara al American Jewish Committee", 1º de abril de 1944; la columna "De semana a semana" del 19 de agosto de 1944; "Los que fomentan la desunión entre los judíos" del 14 de abril de 1945; "Confusionismo actual" por Abraham Mibashan, del 17 de noviembre de 1945.

continuaron poniendo en cuestión esta institución hasta
mucho después de ese viraje. En 1962 Yagupsky recibió
una nueva propuesta de esta institución, pero esta vez para
crear una oficina en Tel Aviv. Yagupsky aceptó el desafío
trasladándose con su esposa y uno de sus hijos a Israel,
donde se estableció hasta fines de esa década. Al igual
que en el caso de la Argentina, creó y editó la revista del
Comité. Fue durante su estadía en Israel que –tal vez más
por la pérdida de interés de José Mirelman en el proyecto
a favor de otros en Israel que por su voluntad– deciden
cerrar el sello editorial.

A lo largo de su trayectoria, Máximo Yagupsky desarrolló un conjunto de saberes, sensibilidades, competencias y relaciones sociales que encontraron su expresión
en elecciones editoriales y en formas de presentación de
las obras. A continuación examinaremos algunas de las
formas más significativas en que esto se manifestó en la
conformación del catálogo de Israel.

IV. La trayectoria de Máximo Yagupsky y la orientación de la Editorial Israel

Dentro de la unidad ideológica que guardan las sucesivas elecciones de títulos de la Editorial Israel a lo largo de
su existencia, se pueden identificar al menos dos períodos
diferentes. El primero de ellos, que va desde su fundación,
en 1938, hasta 1946, estuvo orientado a la publicación de
obras centrales del pensamiento sionista y a ensayos y
narrativa que, de manera directa o indirecta, refieren a esta
corriente ideológica. Durante esta primera etapa se puede
observar una clara preferencia por la producción literaria judía de origen alemán, aunque publicada en Estados Unidos
debido a la clausura de las posibilidades de edición en la
Alemania nazi. El año 1946, dos años antes de la fundación

del Estado de Israel, marca el paso de la editorial hacia un mayor interés por la literatura hebrea producida en lo que será el "Hogar nacional judío", sin que eso implicase el cierre a la influencia de la producción editorial norteamericana iniciada en la etapa anterior. Además de ensayos políticos y de ensayos y estudios históricos, el catálogo dio lugar a la biografía, la novela, la cuentística, la literatura infantil y el relato testimonial, siendo la narrativa en sus distintas variantes el género privilegiado.

Entre 1940 y 1946 la Editorial Israel publicó un conjunto de autores centrales del pensamiento político sionista. Junto al nombre del padre del sionismo político, el periodista y escritor Teodoro Herzl se sitúan los de Vladimir Jabotinsky, Ajad Haam, Moisés Hess, Leo Pinsker, Aarón David Gordon y Josef Klausner. A pesar de su amplitud, este abanico implicaba un recorte dentro del arco de posiciones que conforman esta ideología. La presencia del líder de la derecha sionista Jabotinsky y la ausencia de referentes de la fuerte corriente socialista revelan la inclinación del sello.

El interés por la literatura hebrea moderna producida en Israel se verifica ya antes de la creación del Estado, en 1948. En 1943 la editorial publica *De fuente viva. Florilegio de prosistas hebreos modernos*, compilación de cuentos de los nuevos escritores hebreos reunida por Máximo Yagupsky. El propósito del volumen, tal como se desprende de su prólogo, fue exponer la vitalidad de una nueva etapa histórica del hebreo como lengua literaria. En el prólogo al libro, Yagupsky se preocupaba por anclar esta manifestación literaria en el proceso de construcción del nuevo Estado. De esta manera, citando al crítico literario sionista Josef Klausner, decía:

> (...) una literatura, en fin, que sólo se da una vez que se logra un territorio bajo los pies, posibilidades de labrar la tierra, autonomía política, vida de libertad y un olvido absoluto de la Diáspora con sus penurias e ingratitudes. Entonces es cuando el judío torna a ser un "hombre" de Israel, el

pueblo judío una comunidad entre todas las naciones, y
en lo concerniente a los valores del espíritu, se reintegra
a la tradición de profetismo para emprender una marcha
ascensional hacia las realizaciones mesiánicas.[125]

Esta obra abre una serie de traducciones de novelas
del hebreo al castellano que comienzan a publicarse en
1946. La publicación de estos autores, además de permitir
exponer algunos de los nombres que componen la franja de
escritores hebreos que contribuyeron a delinear la primera
época de la literatura israelí, posibilitaba enseñar títulos
que referían a distintos aspectos de la historia y la vida
presente en Palestina/Israel.

Ahora bien, considerando la fuerza del universo cultural idish dentro del mundo judío durante la etapa de
existencia del sello, sobre todo en la primera década y
media, ¿dónde se encuentra la producción editorial idish
de Europa oriental dentro de este catálogo? Las razones
para la notable ausencia de traducciones de la literatura
idish se hallan en el reverso de las mismas disposiciones
que orientaban a estos editores a apelar a la producción
editorial alemana, norteamericana e israelí. La concepción
sionista de ambos, aun cuando distinta en cada caso, no
asignaba un valor especial a la cultura de la Diáspora, y
mucho menos a la de Europa Oriental. Hemos visto en el
caso de Yagupsky que su alta valoración del hebreo como
lengua literaria era concomitante a su menor aprecio por
el idish. Por otra parte, el rico universo social y cultural
idish de Buenos Aires les resultaba en buena medida ajeno.

Las otras líneas que conviven con la línea sionista, proponiendo formas alternativas pero complementarias de
elaborar lo judío, son la histórica y la religiosa moderna, aunque en ningún momento fueron definidas ni singularizadas

---

[125] Yagupsky, Máximo (Comp.). *Florilegio de prosistas hebreos modernos*,
Buenos Aires: Israel, 1943, p. 18.

como tales por el sello. La línea religiosa, a pesar de no tener mucha presencia en cuanto a volumen dentro de lo publicado por la editorial, tal vez constituye una de sus apuestas políticas y culturales más interesantes. Junto a textos básicos sobre tradición y religión orientados al lector moderno, el catálogo incluye el renovador ensayo *La civilización de Israel en la vida moderna,* del rabino norteamericano de origen lituano Mordejai Kaplan (1944), quien propone una opción notablemente innovadora y progresista de lo judío.

El prólogo con el que Máximo Yagupsky introduce uno de los libros educativos básicos sobre tradición judía dirigidos a niños y adultos, *Tradiciones y costumbres judías. Un viaje alrededor del año hebreo,* de Erna Cohen de Shlesinger, publicado en 1942, nos permite acercarnos al modo en que la religión se integra al proyecto editorial. Cabe hacer notar, ante todo, que para hacer referencia a las celebraciones y rituales explicados en el libro en ningún momento utiliza el término "religión", tal como a priori hemos clasificado a este texto aquí. Para Yagupsky, este corpus de tradiciones y costumbres constituye el núcleo que le otorga una fisonomía singular al pueblo judío donde la religión no va más allá de la expresión cultural histórica en la que éstas fueron forjadas. En su lectura de la religión, y por ende en su manera difundirla, se produce una recuperación marcadamente laica de la tradición judía. Hasta se podría ver en ésta una interpretación en clave sociológica:

> Si se quiere conocer a un pueblo, si se quiere penetrar la íntima sustancia vital, la que configura su naturaleza y su carácter con perfiles distintivos, si se quiere hurgar la psiquis colectiva de un grupo social para inferir su índole moral o las leyes que regulan y animan su idealidad, es menester conocer sus tradiciones y costumbres.[126]

---

[126] Yagupsky, Máximo. Prólogo a *Erna Cohen de Schlesinger, Tradiciones y costumbres judías. Un viaje alrededor del año hebreo,* Buenos Aires:

Esta apropiación es acorde con el espíritu general de la propuesta editorial. Pero también podemos ver en las palabras de Yagupsky su propio derrotero. En efecto, cuando escribía las páginas de este prólogo, hacía ya varios años que se había alejado del ámbito tradicional religioso de su hogar paterno en Entre Ríos, y desde hacía también varios años participaba de los círculos sociales y culturales de la elite liberal de habla castellana de la capital argentina, donde la religión o bien era mirada con recelo o bien guardaba un carácter más liberal, moderno, que la vivida en el pueblo de La Capilla.

Algunas ideas finales

Si bien Máximo Yagupsky y la Editorial Israel, hoy prácticamente borrados de la memoria colectiva judía, ocuparon un lugar importante en la reorganización y expansión editorial judía en castellano desde fines de la década de 1930 en adelante, es preciso recordar que ni este editor ni este sello agotaron las posiciones del universo editorial judío. En todo caso, nuestro interés en este intelectual y emprendedor cultural, y en esta empresa, se debió, en primer lugar, a que a través de ellos nos fue posible acercarnos a los circuitos específicos de circulación de las ideas, así como observar la función del libro dentro de este proceso. Asimismo, porque, en segundo término, nos permitió explorar los modos en que la trayectoria singular de un editor, puesta de manifiesto en intereses, sensibilidades y competencias particulares, se expresó en elecciones editoriales concretas que tuvieron efectos sociales y culturales de más largo alcance.

Editorial Israel, 1942, p. 7.

Por otra parte, este punto de vista ayuda a precisar los sentidos singulares de las orientaciones políticas y culturales que se expresaban en las elecciones de obras. Así, el carácter sionista de la Editorial Israel adquirió en nuestra lectura contornos más definidos y específicos cuando la observamos desde el ángulo de quienes seleccionaban los textos a publicar e intervenían en la composición de los libros desde, por ejemplo, el añadido de un prólogo. Esta perspectiva contribuye, en última instancia, a restituir en toda su magnitud el rol del editor como un agente cultural activo cuya intervención es decisiva en el plano de la circulación de las ideas.

Por último, cabría señalar que, tal vez, lo más significativo no fuese tanto que Mirelman y Yagupsky hubieran hecho del sionismo el eje ordenador del sello, sino que hubiesen comprendido que el libro resultaba una vía de acción política y cultural de especial importancia para la recreación de la cultura judía en lengua castellana. Este convencimiento tenía su origen tanto en la formación intelectual y cultural de ambos en cuanto el libro constituía un objeto altamente valorado, como en su convicción de que el sionismo no era una mera respuesta práctica ante un problema objetivo, sino la expresión del "renacimiento espiritual" y "nacional" judío, en el que la cultura, y por lo tanto el libro, ocupaba un lugar esencial.

IGUALDAD Y LIBERTAD

POPULISMO Y PROPIEDAD PRIVADA.
EL GENOMA DE LA GUERRA FRÍA EN AMÉRICA LATINA

Ernesto Semán

I. Espasmos de frío

George Kennan dictó el telegrama que dio marco al comienzo de la Guerra Fría en la madrugada del 22 de febrero de 1946, encerrado en el cuarto de su residencia en Moscú, afiebrado, con sinusitis y una muela a punto de estallar. El diplomático norteamericano estaba exasperado con la incapacidad de sus superiores en Estados Unidos para entender a la Unión Soviética. El texto, que pasó a la historia como "The Long Telegram", describía al comunismo como una ideología impuesta desde afuera, lista para expandirse por el resto del mundo. Advertía que "todos aquellos con reclamos económicos o raciales serán utilizados para buscar una salida no a través de la mediación y el compromiso, sino por medio de una lucha desafiante y violenta en búsqueda de la destrucción de los otros sectores de la sociedad". Y señalaba que los países con "fuertes chances de desarrollar una oposición a los centros de poder occidentales" en esos términos incluían "una serie de puntos separados (...) tales como Alemania, los países del Medio Oriente, la Argentina".[127]

---

[127]   George Kennan, *The Long Telegram,* 22 de febrero de 1946. *George F. Kennan Papers, 1871-2005.* The Long Telegram, Box 163, Folder 45. Public Policy Papers, Department of Rare Books and Special Collections,

Apenas 48 horas después de que el telegrama llegara a
Washington DC, Perón ganaba las elecciones presidenciales
en la Argentina, al frente de un movimiento de trabajadores
que planteaba una violenta crítica a las jerarquías políticas,
económicas y sociales del país y se presentaba en abierto
desafío al poder de los Estados Unidos. Fue cualquier cosa
menos una sorpresa. Otro diplomático norteamericano
que había presenciado las marchas del 17 de octubre del
año anterior, veía en el ascenso de Perón "un enorme paso
hacia una revolución social en la Argentina" y reflexiona-
ba: "Con grados de riqueza y pobreza extrema, eso en sí
mismo sea quizás lo adecuado; la tragedia es que lo lidere
un dictador fascista".[128]

Pocas veces una teoría prospectiva necesitó tan poco
tiempo para su corroboración empírica. Aquel horizonte
de tensión social que iba a tomar forma años después en
la descripción grisácea del bloque del este y la expansión
comunista mundial se corporizaba a sólo dos días de su
enunciación, y en uno de los tres escenarios previstos en
el "Long Telegram".

En parte por eso, resulta curioso que el peronismo apa-
rezca, si acaso, en los márgenes de la abundante producción
intelectual sobre la Guerra Fría. Poco se ha analizado esa
temprana mirada a un movimiento que podía considerarse
cualquier cosa menos comunista y, aún así, anticipaba
preocupaciones clave de la segunda mitad del siglo XX.
Un caso notorio es un libro reciente sobre las relaciones
bilaterales entre la Argentina y los Estados Unidos durante
el peronismo, que menciona media docena de veces al

Princeton University Library. Kennan, George. *Memoirs 1925-1950*,
Pantheon, New York, 1983, p. 294.

[128]   Cabot to Byrnes, 19 de octubre de 1945. US Department of State (1972),
Foreign Relations of the United States (FRUS), 1945. Vol. 6. *The American
Republics*, Washington, DC, Government Printing Office, p. 286.

"Long Telegram", sin reparar en que el mismo contiene la referencia al tema central que analizan los autores.[129] Esa señal embrionaria del mundo de posguerra parece estar sepultada bajo la lucha geopolítica con la Unión Soviética que marcó el resto del periodo y, en la región, por la brutal reacción de las elites locales para limitar los procesos de democratización social de posguerra. Si la historia sobre los orígenes de la Guerra Fría ha castigado con algo al peronismo, es con el olvido.

Pero trazar hasta el peronismo el genoma de la Guerra Fría latinoamericana es más que una excentricidad o una curiosidad de historiadores. Además de tener que dar cuenta de una evidencia que no ha sido considerada, es un ejercicio que ofrece un punto de entrada distinto a la historia moderna del continente, y le da espesor analítico a una denominación (la Guerra Fría) que ha sido central para Estados Unidos pero menos relevante en la región. En el extremo, implica descentrar al comunismo como vector único de aquel conflicto, y reubicar a América Latina como un campo privilegiado y temprano de experimentación de la política mundial de posguerra.

Las razones de esa posible centralidad de América Latina hay que buscarlas, entonces, en dos escenarios simultáneos

---

[129]   Rapoport, Mario y Spiguel, Claudio. *Relaciones Tumultuosas*, Buenos Aires: Planeta, 2009, pp. 93, 154, 177, 327. El equívoco puede obedecer a que los autores refieren al "Long Telegram" como el artículo que Kennan publicó en la revista *Foreign Affairs* bajo el seudónimo "X", "The Sources of Soviet Conduct", pero se trata de dos textos distintos. La distinción es relevante: Kennan publicó el artículo 15 meses después del telegrama, cuando el enfrentamiento con la Unión Soviética es más explícito. El artículo elabora algunas de las ideas esbozadas en el "Long Telegram", pero se origina en inquietudes distintas al primero. Sugerentemente, la superposición del "Long Telegram" con el artículo deja ese tiempo como un espacio vacío, cuando es justo la lógica de ese breve periodo entre el final de la Segunda Guerra y el comienzo de la Guerra Fría lo que interesa descifrar. Ver: X, "The Sources of Soviet Conduct", en *Foreign Affairs*, 25 (4), Julio, 1947, pp. 566-582.

y contrapuestos. En la región, en un nacionalismo que el peronismo expresó en una coyuntura histórica particular, que ponía el acento en formas de inclusión social y económica como base de sustentabilidad para nuevos regímenes políticos de masas que dejaran atrás la herencia inestable y restrictiva de los estados nacionales latinoamericanos. Y en los Estados Unidos, en la búsqueda de una democracia de masas que al mismo tiempo definiera límites estrictos a la política, dejando fuera ideas y prácticas expandidas durante el *New Deal* y buscando un regreso atávico a los principios fundantes del orden y la libertad económica.

Que la búsqueda de ese equilibrio imposible entre la inclusión y el orden se resolviera a favor del orden y la libertad individual explica no sólo la virulencia de la paz de posguerra, sino también el efecto que tuvo esa virulencia hacia dentro de Estados Unidos. Más que la exportación de un conflicto doméstico, la Guerra Fría fue sobre todo una enorme reorganización de la política norteamericana general en el momento en que Estados Unidos apuntalaba un orden internacional que reflejaba su nuevo liderazgo, sobre la base cenagosa de sociedades en ebullición, empezando por la propia.

Que el populismo latinoamericano expresó una forma compleja y temprana de ataque a ese nuevo orden explica que, aún en 1948, con millones de trabajadores franceses colgando la bandera roja en Marsella, el Plan Marshall en sus comienzos, Japón ocupada, Alemania dividida y a las puertas de la revolución china, un funcionario norteamericano le escribiera al Secretario de Estado: "la amenaza que nos da los peores espasmos de frío es la de un bloque del cono sur dominado por Argentina".[130] Una primera tarea, entonces, es saber en qué consistía esa amenaza.

---

[130]   Dorn, Glenn. *Peronistas and New Dealers. U.S.-Argentine Rivalry in the Western Hemisphere*, New Orleans, 2005, p. 113.

II. En el principio fue el peronismo

Regresemos, una vez más, a los orígenes del peronismo. El 6 de junio de 1943, el golpe del general Farrell
pone fin a la Década Infame y abre las puertas al rápido
ascenso de Perón. En Buenos Aires, Clara Applegate recibe
la noticia con sorpresa. Es una joven norteamericana de
25 años, de una familia liberal y de buena posición, que
vive la experiencia obligada del expatriado haciendo trabajos administrativos en la Oficina de Planeamiento de
Posguerra dentro de la embajada de los Estados Unidos.
Un mes después del golpe, anota en su diario:

> 6 de julio: Anoche tuvimos un ejemplo simpático de cómo nos
> afecta el nuevo gobierno, cuando Joan y yo estábamos cenando,
> sonó el timbre y entró el portero del edificio. Se paró en el medio
> de la habitación, los pies juntos y firmes, y recitó en castellano:
> "Estoy acá para implementar, por orden del Poder Ejecutivo,
> el decreto relativo a la reducción de alquileres". Y después, con
> una sonrisa generosa en su cara nos devolvió treinta pesos del
> alquiler que habíamos pagado unos días atrás. Me reí y le dije
> que me gustaba esta ley, a lo que me respondió: "Ah, pero no
> le va a gustar ésta", y procedió a declarar que por la escasez de
> combustible, "¡vamos a tener agua caliente sólo una hora a
> la mañana, media hora al mediodía, y una hora a la noche!",
> "Cielos –dije–, ¿eso es una ley?", "Sí, *señorita*".[131]

En su anotación casual, Clara Applegate sintetizaba la
relación más espontánea que un norteamericano liberal
podía entablar con la política en aquel entonces: el efecto
constatable de los cambios, la disposición abierta hacia
formas de intervención estatal redistributivas, la distancia
prudente frente a esa misma intervención cuando la idea
del bien común se expresa en restricciones a la libertad
individual. Poco había allí de la paranoica aversión frente a

---

[131] Applegate, Clara. Diario personal, 1943-1947. Manuscrito, p.31.

la llegada del nazismo a la Argentina, aunque más no fuera porque el golpe de Farrell ponía fin a un régimen cuyo embajador se había despedido de Hitler en 1939 elogiándole a su "gran colaborador, mi excelente amigo personal, el jefe supremo de las S.A. Victor Lutze", y maravillado "por las grandes obras de embellecimiento de Alemania" (a lo que Hitler respondió, con amarga razón: "Esto no es nada. Si viene en unos años, no va a reconocer Berlín").[132]

Lo que se estaba produciendo era una revolución social, y eso iba a quedar claro para cualquier ciudadano –más allá de la ley de alquileres– con el surgimiento del peronismo dos años más tarde. Sus características ya son conocidas: la expansión e intervención masiva del Estado en la economía, la política y la vida social, así como la amplia regulación de la vida económica y laboral, produjeron una reorganización de la política que incluía ahora a sectores hasta entonces excluidos, sobre todo los nuevos trabajadores industriales. Durante la década peronista, esa expansión de derechos ciudadanos se tradujo en una redistribución progresiva de ingresos, una disminución de la desigualdad, la alteración de algunas de las nociones más jerárquicas que regulaban las relaciones entre empleados y trabajadores, y entre subordinados y jefes en general, y la expectativa de que esa dinámica inclusiva se perpetuaría en el tiempo, incluso más allá de las posibilidades económicas de la Argentina luego de 1949.

Pero el peronismo estaba lejos de ser el primero ni, bajo muchos parámetros, el más importante de estos movimientos. El largo reinado de Vargas en Brasil –que entre 1930 y 1945 combinó un periodo democrático y uno dictatorial– estaba inspirado en ideas similares. Y aunque el Varguismo fue más moderado y socialmente menos

---

[132] Entrevista del embajador argentino con Hitler, Göering y otras personalidades del Reich. Archivo Histórico de Cancillería. División Política: Alemania, Expediente 24, 1939, p. 4.

revulsivo, su impronta transformó la economía de un país que, más que la Argentina, podía ser una potencia industrial emergente. En México, Cárdenas había ido mucho más lejos entre 1934 y 1940, realizando el legado de la revolución de 1910 con la reforma agraria -algo que Perón dejó de lado en un cálculo general de costos y beneficios que no ha sido suficientemente analizado- y la nacionalización del petróleo. En Colombia, Jorge Elíecer Gaitán rompió con el partido Liberal para armar un movimiento de masas que aterrorizó a las elites locales bajo ideas similares. El crecimiento de su corriente quedó truncado en 1948 con el asesinato de Gaitán, pero la rebelión que sucedió al asesinato y que puso a Bogotá en llamas -mientras la Organización de los Estados Americanos sesionaba en la ciudad- dejó constancia de lo que estaba en juego.

Entre el '30 y el '50, otros movimientos similares se produjeron en una variedad de países, desde Chile a Perú y desde Bolivia a Ecuador. Sin embargo, ninguno despertó tanta atención ni una reacción tan áspera de las elites políticas y económicas de los Estados Unidos como el peronismo. Todos estos procesos, que hacia los '60 comenzaron a ser definidos como "populistas", eran vistos, desde el '45, a través del prisma de la experiencia peronista. Conceptualmente -así como el Varguismo o el Cardenismo nunca trascendieron su denominación de origen-, la evolución del peronismo hacia su propio anglicismo, *Peronism*, sugiere la emergencia de una categoría de análisis, un nivel de abstracción que trasciende a la experiencia específica de la Argentina y precede al término general de "populismo" aplicado a América Latina. Pensado como una ideología viva, funcionarios norteamericanos hablaban de "una fracción sindical peronista" que se imponía en un gremio del Perú, mientras la prensa podía describir como "una política económica peronista" a las decisiones del presidente Carlos Ibáñez en Chile.

III. Herederos indeseados

Kennan sabía poco de todo esto cuando incluyó a la
Argentina como un foco privilegiado de la Guerra Fría.
Nunca había estado en América Latina, no demostraba
particular interés en la región, y desconocía los planes
de la Unión Soviética para la misma. Escribió a un colega
suyo, para esa época: "ojalá pudiera mandarte desde acá
más información sobre las relaciones de los soviéticos con
América Central y del Sur. Pero estamos trabajando bajo
grandes restricciones de personal y de alojamiento, y no
hemos tenido la chance de hacer siquiera el mínimo de
especialización que querríamos".[133]
Su información provenía sobre todo de los cables que
desde comienzos de 1945 elaboraba Spruille Braden dentro
del Departamento de Estado, y del intenso debate dentro
del gobierno de Estados Unidos sobre qué tipo de amenaza
representaba la Argentina. Para Braden, por entonces embajador en Cuba, Argentina se había convertido en un país "go-
bernado por la primera dictadura totalitaria en el continente
americano". Lo que hacía al peronismo único, en la mirada de
Braden, era el totalitarismo: "no es el estereotipo de dictador
latinoamericano o de dictadura oligárquica, sino algo mucho
más importante". A un nivel político, eso se traducía en la restricción de los mecanismos liberal-democráticos y, sobre todo,
"las tendencias nacionalistas", "el exagerado nacionalismo", "el
nacionalismo extremo de las repúblicas latinoamericanas"
que Perón expresaba de modo cabal. "El nacionalismo, y no
otra cosa, es nuestro principal desafío en el continente", diría
Braden hacia el final de la Segunda Guerra.[134]

---

[133] Kennan to Ellis Briggs, 11 de marzo de 1946. Box 140, Folder 4. George
F. Kennan Papers (1871-2005), *op. cit.*

[134] Braden, Spruille. Washington Trip, 22 de jluio de 1944. Memorandum
for presentation to President and Secretary. Spruille Braden papers, Box

La particular superposición de la noción de totalitarismo con el nacionalismo latinoamericano sólo se entiende a un nivel ideológico más vasto y menos evidente, centrado en las transformaciones que atravesaba en ese momento los Estados Unidos y que configuran la ideología de la Guerra Fría. Movimientos como el peronismo eran un desafío, pero también un espejo roto, que devolvía la imagen distorsionada de lo que podía producir una política montada sobre ideas de igualdad y universalidad como la que había insinuado el *New Deal* desde 1933. Pero hacia el '45, cuando el liberalismo norteamericano desmontaba no sólo la infraestructura del *New Deal* sino los supuestos sobre los que estaba parada, la emergencia de los populismos ofrecía un muestrario de lo que podía pasar si no se volvía a las formas responsables y apropiadas de la política liberal.

No era esta la primera vez que la política norteamericana se pensaba a sí misma proyectando en un espacio exterior la realización de sus demonios internos. En 1848, la ola de revoluciones europeas nutrió un intenso debate en los Estados Unidos sobre los riesgos que el exceso revolucionario podía acarrear. Frente al caos que sobrevino al colapso de los imperios, aparecía como cualidad nacional norteamericana una limitación de los alcances y la duración de la propia revolución. Casi un siglo más tarde, los populismos latinoamericanos se constituían en aquel paisaje distópico que podía avizorarse en el horizonte si los rasgos más universalistas del *New Deal* no se limitaban a su momento histórico específico. Al fin, muchos demócratas anti-*New Deal* que batallaban por moderar los años

---

15, Folder General. Dispatch 7212, June 17, 1944, Possible stepts which may in part reverse rising trend of extrem nationalism in American Republics. Spruille Braden Papers, Box 15, Folder General. Spruille Brden, letter to Ellis Briggs, Nune 19, 1945. Rare Book and Manuscript Library, Columbia University Library.

de Roosevelt, encontraban en Perón su propia versión de los Días de Junio.[135]

Braden veía como Némesis de la política norteamericana a "todos los tipos de totalitarismos, así se hagan llamar de izquierda o de derecha". Y en su prosa elocuente, agregaba: "la comparación más correcta sería la de un círculo, que va hacia la extrema derecha e izquierda".[136] Definido sobre el ocaso del nazismo y cuando el comunismo aún no ocupaba el lugar del rival geopolítico por excelencia, el peronismo apareció como la cara visible de ese nuevo y vasto fantasma totalitario. Y, como tal, se convertía en un mediador cronológico y conceptual privilegiado entre el nazismo y el comunismo, amalgamados ahora, una amenaza indistinta al orden internacional sobre el que se basaba la supervivencia de los Estados Unidos.

Esa mediación del peronismo fue cualquier cosa menos neutral: el paso de la Segunda Guerra a la Guerra Fría fue también el paso de la fase inclusiva que caracterizaría al "liberalismo del *New Deal*" al "liberalismo de la Guerra Fría"; el primero con su énfasis en la épica de la emancipación colectiva montada alrededor de la salida de la Gran Depresión, el segundo con su acento en el terror y la contención de toda forma política que pusiera en juego el nuevo status quo.[137]

Hacia América Latina, el *New Deal* había producido al menos dos efectos importantes. Por un lado, la expansión del capital norteamericano era clave para atenuar

---

[135] Ver Mason Roberts, Timothy. *Distant Revolutions, 1848 and the Challenge to American Exceptionalism*, Charlottesville, 2009.

[136] Braden, letter to Roderic Crandal, 17 de junio de 1947. Braden Papers, Box 22, Correspondence General, 1945-1947, Argentina.

[137] Grandin, Greg. *"Three Faces of Containment in the Americas,"* unpublished paper. Mark L. Kleinman, *A World of Hope, A World of Fear, Henry A. Wallace, Reinhold Niebuhr, and American liberalism*, Columbus, 2000. Y Robin, Corey, *Fear, the History of a Political Idea*, Oxford, 2004.

el conflicto distributivo interno de los Estados Unidos. La "política del buen vecino" había sido un ejercicio de autolimitación del poder norteamericano que tornó mucho más eficiente el uso del mismo. Junto al fin de las intervenciones militares, el comercio dejó de ser el mero intercambio de productos primarios por bienes industriales, y pasó a incluir una creciente inversión de capital –financiada e incentivada desde el sector público– en proyectos industriales y de infraestructura, fertilizando el incipiente proceso de industrialización regional. La expansión de los mercados latinoamericanos permitió tanto el crecimiento del empleo como el mantenimiento de la rentabilidad de los empleadores dentro de los Estados Unidos, lo que explica en parte el entusiasta apoyo de los trabajadores de Estados Unidos a la expansión económica en la región. Forzando la porosidad de las economías nacionales, una condición del éxito del *New Deal* era, justamente, prevenir la existencia de otros *New Deal* en América Latina.[138]

Pero al mismo tiempo, en sentido contrario, la épica del *New Deal* en Estados Unidos fue una poderosa fuente de inspiración para procesos de emancipación económica y expansión del Estado en América Latina. Como tal, proveyó un lenguaje de reforma social que penetró en un espectro social, político y cultural más vasto que lo que se reconoce, tanto o más que las ideas del fascismo europeo. Siendo la única región en la que no se combatió la Segunda Guerra, América Latina estaba lo suficientemente lejos del centro del conflicto como para producir un mestizaje de ideas y políticas que no se registró en otras tierras. Que Franklin D. Roosevelt llamara al *Estado Novo* de Vargas "el *New Deal* de Sudamérica" era mucho más que una pleitesía diplomática, contando con que los funcionarios de Vargas

---

[138] Ver Gardner, Lloyd. *Economic Aspects of New Deal Diplomacy*, Madison, 1964. Grandin, Greg. "The Three Faces of Containment in The Americas".

se nutrieron de la experiencia estadounidense (y también de la alemana) para producir el marco de regulación laboral sobre el que creció la industrialización brasileña y se constituyó su nueva clase obrera.[139]

Hacia afuera, a medida que Estados Unidos salía de la recesión (algo que terminó de lograr recién durante la Segunda Guerra) la figura de Roosevelt crecía en su versión bifronte: como cara visible de una política de expansión capitalista, pero también como expresión de una política interna que había puesto al conflicto social en el centro de la esfera pública y a la desigualdad económica como mayor problema doméstico. Y si esto podía ser el mejor antídoto contra una revolución, esa no era la interpretación de los sectores conservadores. En 1937, contemplando los conflictos sociales en Nueva York, el apoderado de Braden le reprochaba su participación en el gobierno de "otro aristócrata que quiere pasarse al lado del proletariado" y le contaba las últimas novedades: "Roosevelt ha decidido que el gobierno tiene que controlar todo, los salarios, los alquileres, todo... Pero los trabajadores van a la huelga y cortan las calles, ¡y eso no lo controla nadie!". (Frente a una protesta similar de parte de su padre, Braden lo consolaba: "Estuve con Eleanor Roosevelt (...): no es tan amiga de los negros como dicen.")[140]

El odio cultural y político que Roosevelt generó en amplias capas de la elite norteamericana no se corresponde con los beneficios económicos que la misma obtuvo (ni, por cierto, con el origen social del presidente). Pero expresa, más bien, la exasperación de las mismas ante un

---

[139]   Limoncic, Flavio. *Os Inventores do New Deal*, Sao Paulo, 2009. Weinstein, Barbara. *For Social Peace in Brazil. Industrialists and the Re-Making of the Working Class in Sao Paulo, 1920-1964*, Chapell Hill, 1996.

[140]   Thurman Lee to Braden, 18 de febrero de 1937. Braden Papers, Box 6, Folder: Diplomatic Correspondence, 1937 L-Z.

orden de prioridades políticas que percibían como una amenaza fundamental al orden social: la consolidación de una esfera política en la que la libertad económica quedaba subordinada al carácter inclusivo y universalista de la intervención del Estado en la economía.

Cuando la Corte Suprema de Estados Unidos se hizo eco de las demandas de estos grupos y desarrolló una ofensiva para frenar al *New Deal* bajo el argumento de que el gobierno nacional no podía imponer prioridades a los estados ni apropiarse de sus fondos, Roosevelt promovió la ampliación de la Corte y movilizó a una enorme gama de sectores sociales en favor de sus reformas. El discurso con el que inició su ofensiva podría resonar en los oídos de cualquier argentino una década después:

> Algunos van a tratar de ponerle nombres nuevos y extraños a lo que estamos haciendo. A veces lo llamarán "fascismo", a veces "comunismo", a veces "regimentación", a veces "socialismo". Pero lo que están haciendo es tratar de hacer muy complejo y teórico algo que en verdad es muy simple y práctico (...) Estos teóricos a ultranza le hablarán de la pérdida de libertad individual. Usted responda con los hechos de su propia vida: ¿ha perdido algunos de sus derechos o libertad o la libertad de acción y de optar garantizadas por la constitución?[141]

En América Latina, este particular clivaje liberal era, en casi todos los casos, un libreto sin actores. Las elites políticas locales, en la mayoría de los países, encontraban enormes dificultades para conciliar estas miradas con los órdenes excluyentes que gobernaban, y no morir en el intento. Es por eso que, aun con su carga de formación fascista y su marcado acento antinorteamericano, la campaña presidencial de Perón en 1946 podía capitalizar la

---

[141] Discurso público de Franklin D. Roosevelt, 28 de junio de 1934. Al respecto, ver: Kennedy, David M. *Freedom from Fear: The American People in Depression and War, 1929-1945*, Oxford, 1996.

herencia de Roosevelt mejor que los sectores cuyo linaje podían considerar más natural. Es mucho más que una coincidencia que en el mismo discurso en el que lanzó a "Braden o Perón" como eje de la antinomia electoral, Perón citara extensamente a Roosevelt para declamar que:

> la tempestad de odio [que] se ha desencadenado contra los "descamisados" [es análoga a la que tuvo que soportar] el desparecido presidente Roosevelt, que a los cuatro años de batallar con la plutocracia confabulada contra sus planes de reforma social, pudo exclamar (...): "Hemos democratizado más el poder del gobierno, porque hemos empezado a colocar las potencias autocráticas privadas en su lugar y las hemos subordinado al gobierno del pueblo. La leyenda que hacía invencible a los oligarcas ha sido destruida".[142]

Claro que para 1946, la cita no cosechaba en Estados Unidos las mismas simpatías que, aunque a regañadientes, Vargas había recogido una década atrás; y no sólo porque Roosevelt había muerto casi un año antes. El *New Deal* había terminado de reconfigurar a los Estados Unidos de formas múltiples y contradictorias. Primero, el énfasis en la universalización de derechos había logrado reincorporar a millones de norteamericanos a la dinámica social ascendente idealizada en los Estados Unidos mediante una multitud de legislaciones y políticas públicas que no sólo aseguraron la reactivación keynesiana de la economía –ayudada por la reactivación de la industria militar desde fines del '30–, sino también el carácter inclusivo, aunque limitado, de la misma.

Segundo, la reactivación y expansión mundial de la economía norteamericana había dejado al tope a una elite

---

[142]   Sobre el lugar de Roosevelt en la campaña presidencial de Perón, ver: Ruiz Jimenez, Laura. "Peronism and Anti-Imperialism in the Argentine Press: 'Braden or Perón' Was Also 'Perón is Roosevelt'", en *Journal of Latin American Studies*, Cambridge University Press, Vol. 30, N° 3, Oct, 1998, pp. 551-571.

mucho más poderosa que antes, y mucho más convencida de sus propios atributos que de los de un periodo, el *New Deal*, al que seguían mirando con auténtico odio de clase. Los demócratas "anti-*New Deal*," que crecían desde principios de los '40, procedían ahora a una disección ideológica del periodo aún antes de que el mismo terminara de morir.

Y tercero, la elite política y militar del país debía liderar ese nuevo poderío. Finalizada la guerra, la principal preocupación del nuevo presidente Harry Truman era controlar ese vasto mundo bajo su control que explotaba en demandas sociales y políticas contenidas. Y contra toda la lectura que señalaba su excepcionalismo, los Estados Unidos era uno de los lugares en los que esa tensión se sintió con más fuerza: entre 1945 y 1948 los sindicatos de la industria automotriz produjeron las huelgas más masivas y duraderas de la historia norteamericana.

IV. La vuelta al orden

Es frente a ese tembladeral que la vuelta al orden se convierte en el eje transformador del liberalismo de la Guerra Fría, y este implica un retorno a las verdades fundantes que subrayan la especificidad nacional de la política norteamericana. Ante los latinoamericanos, el Secretario de Estado George Marshall definía esa inflexión en una respuesta directa a los liderazgos populistas, en su discurso en Bogotá, días antes de que cayera asesinado Gaitán: para Estados Unidos la democracia implica tanto libertad política como libertad económica.

La clave de esa formulación de la democracia es, obviamente, que la existencia plena de la segunda implica restricciones severas a la primera: para mantener la libertad económica es necesario que la vida política circule por un carril diferente y restringido, donde los derechos de propiedad no sean discutidos. Esa brecha entre política y libertad económica que el *New Deal* había ayudado diluir es la que el liberalismo de posguerra empezaba a marcar otra vez con firmeza. Durante el resto del siglo, Estados Unidos seguirá manteniendo su versión del Estado de Bienestar y promoverá el desarrollo de la infraestructura pública en América Latina, pero chocará tanto con los límites impuestos por su propia concepción del liberalismo político como, sobre todo, con las fuerzas conservadoras que esa concepción puso en movimiento.

Para Estados Unidos, el peronismo llega al mundo en el momento más inoportuno de ese proceso. En América Latina, la idea de que el sentido de la política era la regulación de la libertad económica constituía cierto sentido común, y el peronismo pretendía algún tipo de liderazgo regional alrededor de esos principios. Y si las dimensiones económicas, políticas y militares de la Argentina tornaban a Perón en un competidor improbable de los Estados Unidos, la fuerza con la que irrumpió en la historia nacional y el dinamismo con el que la iconografía obrerista se expandía por el continente hacían plausible la noción de que los líderes populistas en general, y Perón en particular, constituían una forma específica de amenaza a la indiscutible hegemonía norteamericana.

Lo más preocupante era el tipo de amenaza que se cifraba en estos movimientos. La abolición de la propiedad privada era una experiencia lejana para un país que había huido exitosamente de las revoluciones del siglo XX. Pero el programa de reforma social del peronismo presentaba una imagen mucho más familiar y por tanto más difícil de desacreditar. Como los otros movimientos populistas de la región, el peronismo recuperaba políticas del *New Deal*, planteando un problema delicado: la acción del Estado para redistribuir el ingreso nacional es, sobre todo, un ejercicio de intervención en la libertad económica que afecta, si no la existencia misma de la propiedad privada, al menos el *quantum* de la misma. Y si la cantidad podía ser establecida desde el Estado, la propiedad privada dejaba de estar completamente a resguardo de la esfera política.

Fascistoide y autoritario, el peronismo generó una reacción furibunda en los Estados Unidos por razones contrarias a estas, lo hizo por la viabilidad de su programa reformista, y por las memorias del *New Deal* que el mismo podía traer aparejadas en momentos en que la política norteamericana avanzaba a todo vapor en reponer a la libertad económica en su vértice superior. No es extraño que, en ese movimiento brusco, el liberalismo político viera crecer a su lado a las fuerzas de la reacción que su propia prédica alimentaba, y que viejos *New Dealers* abrazaran con mayor pasión la causa del orden.

Braden era, una vez más, quien exponía con mayor claridad conceptual la paranoica regresión conservadora que el clima de posguerra había desatado, y anticipaba la circularidad con la que esa ira volvería con más fuerza hacia la política doméstica norteamericana en las décadas siguientes:

> Es iluso que nos embarquemos en esta lucha desesperada contra el comunismo y todas las otras formas de estatismo –entre las que incluyo el socialismo de gobiernos como el laborismo británico– en la medida en que nosotros también estamos atrapados por el nivel excesivo de interferencia y participación del gobierno en lo que debería ser el campo exclusivo de la actividad privada; es decir, para que podamos luchar de forma efectiva, primero tenemos que volver a los principios liberales y a la libertad de oportunidades que caracterizan nuestro tipo de democracia.

Esa preocupación estaba lejos de ser un cálculo economicista. No sólo para los conservadores, sino también para un liberalismo que ahora reafirmaba la excepcionalidad nacional en el hecho de que la democracia norteamericana no arrastraba la herencia feudal y monárquica que

anclaba a Europa en el pasado, la riqueza y los derechos
de propiedad eran el punto fijo a partir del cual se reafir-
maban los roles y jerarquías de la sociedad, y se atribuían
roles nacionales, étnicos y raciales. Estados Unidos podía
no tener un pasado feudal, pero sus elites tenían tanta o
más ansiedad que las europeas por establecer diferencias
jerárquicas y orden en la sociedad que gobernaban. Por
el momento en que emerge, el peronismo es un salar en
la herida siempre abierta de la modernización industrial,
porque su amenaza no se posaba, ni remotamente, sobre
la eliminación de la propiedad y la riqueza sino, peor aún,
en la subversión de los símbolos y las jerarquías que de ella
se derivan. Medido sobre el formato básico del peronismo,
el populismo latinoamericano estaba destinado a convertirse en anatema del liberalismo norteamericano con una
fuerza que marcó los rasgos iniciales de la Guerra Fría, y
que sobrevivió con creces a la caída de la Unión Soviética.

V. El consenso de la Guerra Fría

Diversos autores coinciden en que la Guerra Fría en
América Latina no empieza en 1954 con el golpe contra Jacobo
Arbenz en Guatemala, ni en 1959 con la Revolución Cubana,
sino en 1947, con el surgimiento de una serie de ofensivas
conservadoras que ponen fin a procesos de apertura democrática de posguerra. Un conflicto que tuvo que ver, sobre
todo, con "luchas peleadas de forma aguerrida sobre derechos
ciudadanos, inclusión y justicia económica". Si en algo se
diferencia este periodo del resto del siglo de luchas sociales
que comenzó en la región con la Revolución Mexicana de
1910, es en que la Guerra Fría dotó a los actores de recursos discursivos, simbólicos y materiales para endurecer sus
posiciones, con el corolario de la violenta radicalización de
las fuerzas represivas en América Latina que avizoraron en

la lucha contra el comunismo el marco adecuado para una reorganización brutal de las sociedades de la región.[143]

Siendo fiel a las razones de esta cronología, el peronismo como movimiento político aparece en 1945 como una expresión compleja y temprana de aquella lucha por la expansión de derechos en las sociedades industriales de posguerra. Y como categoría de análisis de la política exterior norteamericana y de las ciencias sociales en las que abreva, es un puente que unifica bajo ciertas características comunes una variedad de movimientos que emergen en América Latina entre 1930 y 1970.

La paradoja es que el consenso ideológico que se construye en oposición a la experiencia populista termina por acentuar aún más los conflictos de los que ésta surge. Cierto, las administraciones demócratas y republicanas apuestan a formas de intervención estatal que garantizaran derechos económicos universales, sobre todo dentro de los Estados Unidos durante varios periodos. Pero los supuestos ideológicos sobre los que se basaban esas políticas alimentaban a aquellos que venían a desmontarlas. Cuando, como durante la década del '60, el gobierno avanzó en programas de inclusión social, política y económica inéditos y ambiciosos, la presión para preservar las jerarquías vigentes se trasladó hacia el complejo militar y la externalización del conflicto interno, un dispositivo que tuvo en Vietnam su experiencia más notoria y trágica. Fuera de los derechos de propiedad, pocas cosas como una guerra aseguran el disciplinamiento social.

Fiel a una lectura populista de la recomposición ideológica norteamericana, es útil observar cómo, pasados los primeros años de agitación social, los sindicatos se

---

[143]   Grandin, Greg. *Off the Beach*, en Agnew, Jean-Cristophe y Rosenzweig, Roy. *A Companion to post-1945 America*, Malden, 2002, p. 426. Por la implicancia de la Guerra Fría en América Latina, ver también Grandin, Greg. *The Last Colonial Massacre*, Chicago, 2004.

convierten en víctimas y productores centrales de ese nuevo orden. De ahí que a George Meany –jefe de la AFL-CIO, la central sindical más poderosa de los Estados Unidos– le pareciera natural viajar a América Latina en 1957, y decir que "cuando nos preguntan aquí por nuestra filosofía acerca de (...) cuál es el rol del sindicalismo en democracia, les contestamos que un hombre que fabrica autos debe ganar lo suficiente como para comprar uno, y el que fabrica casas debe poder vivir en una de esas".

Que el jefe del sindicalismo usara como explicación de su mirada del mundo la figura creada por Henry Ford condensa una parte importante del clima de época. La metáfora planteaba problemas obvios, como cuáles son los derechos del hombre que produce arroz, fuera de comprar arroz. Y, más importante por el lugar en el que lo decía, cuáles eran los derechos de países que producían principalmente materias primas. Y dejaba activamente irresueltos otros problemas más sustantivos, como qué hacer con las diferencias exponenciales que se producen en la sociedad y la política entre aquel que produce un auto y aquel que posee una fábrica de autos. Su respuesta ofrecía cándidamente una muestra del consenso de la Guerra Fría:

> La política de salarios altos es promovida por los sindicatos latinoamericanos en la creencia de que eso representa una salida a la situación de estancamiento actual. Pero el sindicalismo está empezando a darse cuenta de que a menos que se incremente la productividad, los trabajadores están simplemente excluyéndose del mercado de trabajo en favor de bienes traídos desde el exterior. Lo que hay, entonces, es una enorme necesidad de entrenamiento técnico y conocimiento mecánico para incrementar la productividad individual y colectiva.[144]

---

[144] Presentation of George M. Meany in Latin America, September of 1957. Serafino Romualdi Papers (1936-1967). Kheel Center for Labor-Management Documentation Archives, Cornell University Library. Box 1, Latin American Correspondence, 1943-1966, Folder 7.

La redistribución del ingreso desaparecía así del horizonte ideológico sindical. Kennan había predicho que el comunismo buscaría erosionar los espacios de negociación y consenso. Pero jamás imaginó que la respuesta a ese proyecto iba a ser una restricción aún mayor de las nociones básicas de movilidad social ascendente, y el esclerosamiento extremo de las formas liberal-democráticas, alimentando en última instancia la agudización de los conflictos que aspiraba a atenuar, y la desigualdad social sobre los que éstos se montaban.

El espiral de violencia y radicalización ideológica de esa búsqueda de orden es intrínsicamente infinito, y sus circunvalaciones se aceleran ante un horizonte caótico. Así se hace inteligible la elipsis de aquellos que, como Braden, habían forjado el consenso público en la lucha de prevenir la llegada del nazismo a América Latina, y terminaban su carrera en un violento giro hacia posiciones conservadoras extremas –que poco tenían que envidiarle a los consensos tempranos del Reich– preocupadas sobre todo con el orden doméstico. Para el '67, con la lucha por los derechos civiles en pleno apogeo en los Estados Unidos, Braden creía ver realizada su profecía de un "excepcionalismo americano" amenazado por la acción combinada de actores externos y domésticos, convencido de que "Castro está dirigiendo su propaganda de radio hacia los negros del sur de los Estados Unidos, y está enviando agentes a infiltrar nuestras fábricas en Tampa". Un año después, cuando el asesinato de Martin Luther King pone un punto de inflexión dramático a la convulsión de los años '60, el ex diplomático aun se lamenta por estar

> escuchando la histeria sentimental de la radio y la televisión. Claro que nadie puede apoyar su asesinato, pero la forma en que los políticos han recaído en lamentarse es desagradable, si uno recuerda (...) que apenas dos minutos antes de enterarme de su asesinato lo vi en televisión diciendo

que no obedecería una orden judicial para no marchar sobre Memphis (...) En otras palabras, repitiendo sus ideas habituales de que está por arriba de la ley.[145]

El ascenso sostenido del neoconservadurismo nutría así sus raíces racistas de quien más enfáticamente había corporizado en la figura de Perón la amenaza que significaban los populismos latinoamericanos para los Estados Unidos. La trayectoria de desmantelamiento de los consensos forjados en el '30 había concluido, abriendo las puertas para la consolidación del movimiento neoconservador durante las cuatro décadas siguientes.

La asociación constitutiva entre el racismo y el rechazo a la expansión de derechos económicos universales era y es más que evidente. Pero medio siglo más tarde del comienzo de la Guerra Fría, y un par de décadas después de su finalización, sí sorprende la forma en la que ambas se alimentan en el rechazo a la iconografía populista latinoamericana. En el 2010, cuando el presidente norteamericano Barack Obama lanzó su proyecto de reforma del sistema de salud, los sectores conservadores no dudaron en criticarla por su pretensión "universalista, que sólo genera un estado cada vez más grande". Rush Limbaugh, el conductor radial más popular del movimiento conservador norteamericano, no dudó a la hora de encontrar una formulación más expresiva que activara la reacción exasperada de su audiencia: "con gastos y políticas de este tipo es como se echa a perder un país. No somos los primeros y tenemos un lugar al que mirar si queremos saber cómo terminó. Acuérdense de lo que les digo, Obama es nuestro Perón".

La lucha contra el populismo continúa.

---

[145]   Braden to Ellis Briggs, 24 de julio de 1967, y Braden to Briggs, 8 de abril de 1968. Braden Papers, Box 24, Correspondence General, Miscellaneous, 1909-1959, 1960-1977.

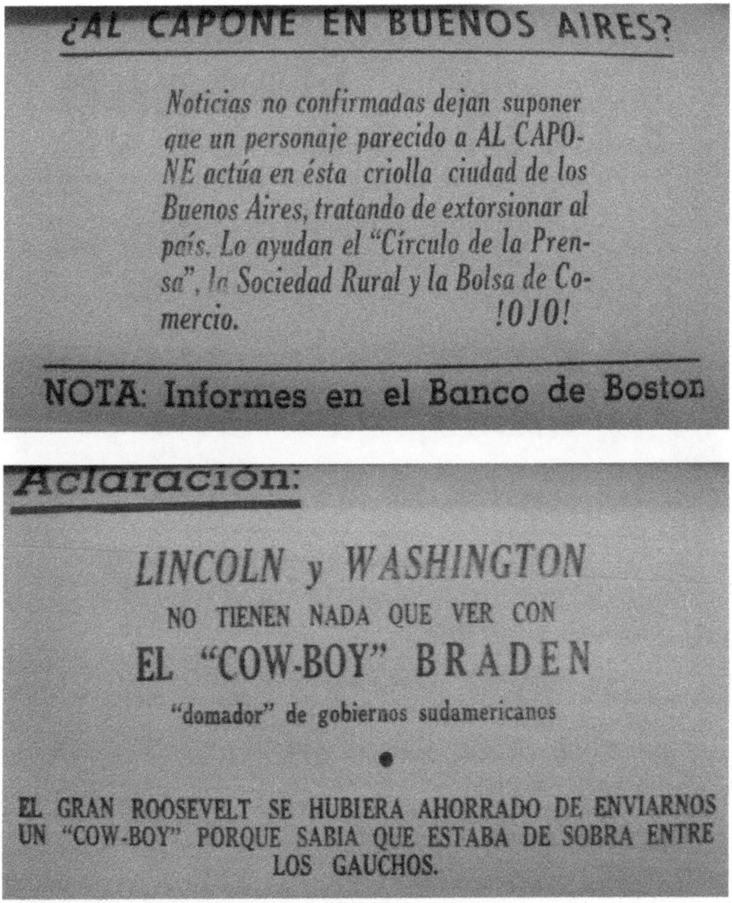

¿AL CAPONE EN BUENOS AIRES?

Noticias no confirmadas dejan suponer que un personaje parecido a AL CAPONE actúa en ésta criolla ciudad de los Buenos Aires, tratando de extorsionar al país. Lo ayudan el "Círculo de la Prensa", la Sociedad Rural y la Bolsa de Comercio.					*!OJO!*

NOTA: Informes en el Banco de Boston

Aclaración:

LINCOLN y WASHINGTON
NO TIENEN NADA QUE VER CON
EL "COW-BOY" BRADEN
"domador" de gobiernos sudamericanos

●

EL GRAN ROOSEVELT SE HUBIERA AHORRADO DE ENVIARNOS UN "COW-BOY" PORQUE SABIA QUE ESTABA DE SOBRA ENTRE LOS GAUCHOS.

Figura 1 Los dos lados del volante de "Al Capone y Lincoln": "Los sectores nacionalistas que terminarían alineados con Perón formulaban un anti-norteamericanismo clasista, que al mismo tiempo que repudiaba la llegada de Braden buscaba apropiarse de la agenda social del New Deal." Volante anónimo de julio de 1945. Fuente: Spruille Braden Papers, Box 35, Folder "Miscellaneous. Rare Book and Manuscript Library, Columbia University Library.

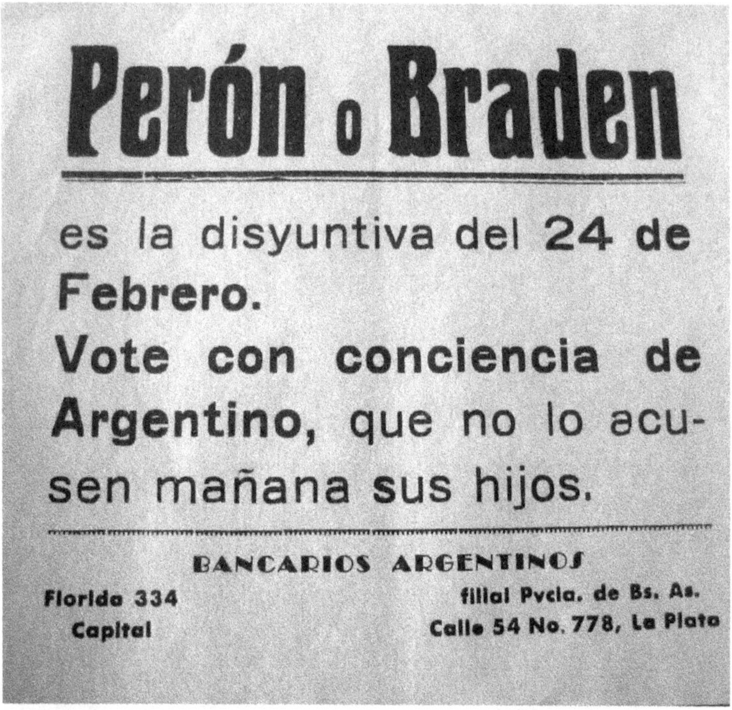

Perón o Braden

es la disyuntiva del 24 de Febrero.
Vote con conciencia de Argentino, que no lo acusen mañana sus hijos.

BANCARIOS ARGENTINOS

Florida 334   filial Pvcia. de Bs. As.
Capital   Calle 54 No. 778, La Plata

Figura 2 "Perón o Braden". Volante original con la famosa consigna, divulgado por el sindicato de bancario inmediatamente después del discurso de cierre de campaña de Perón del 12 de febrero de 1946. Fuente: Héctor Timerman, colección personal.

Ni caos ni cosmos.
Democracia y totalitarismo en el pensamiento político de Borges

Martín Plot

> *Al principio se creyó que Tlön era un mero caos*
> *...ahora se sabe que es un cosmos.*
>
> Jorge Luis Borges

I. Refutación democrática

El 22 de diciembre de 1983, Borges publicó una nota sorprendente, autocrítica, quizás sinceramente autocrítica, de implicancias retrospectivas notables. "El último domingo de octubre" –así se titulaba la nota– ya en su segunda línea afirmaba: "El 30 de octubre de 1983, la democracia argentina me ha refutado espléndidamente. Espléndida y asombrosamente".[146] ¿En qué consistía esa refutación? ¿A qué se refería Borges? La respuesta, aparentemente obvia, se deduce de la línea inmediatamente precedente: "Escribí alguna vez que la democracia es un abuso de la estadística; yo he recordado muchas veces aquel dictamen de Carlyle, que la definió como el caos provisto de urnas electorales".[147] Como Borges indicaba, entonces, la democracia lo había refutado. Lo habría refutado, aparentemente, con respecto a la definición misma de la democracia, que

---

[146] Borges, Jorge Luis. "El ultimo domingo de octubre", en *Textos Recobrados. 1956-1986*, Buenos Aires: Emecé, 2003, p. 307.

[147] *Ibid.*

ya no sería un abuso de la estadística, un caos provisto de urnas electorales. Muy por el contrario, ésta, en su expresión aparentemente más básica y despreciada, la de las urnas mismas, habría revelado a Borges un arquetipo nuevo. Aquel día, el de las meras elecciones, "nos enfrentaba un caos que (...) tomó la decisión de ser un cosmos".[148] Si las elecciones, secretas, gratuitas y generales, como ironizaría en "La lotería en Babilonia",[149] no habían servido solamente para destruir un cosmos e inaugurar un caos, sino, por el contrario, para concebir un orden en el que "habrá una oposición" y en el que ya no estaremos "a la merced de una bruma de generales",[150] entonces es posible que el arquetipo democrático, como no objetaría Borges que, platónicamente, lo llamemos, su *forma*, quizás sea distinta de la sugerida por Carlyle.

Pero esto, en realidad, no debería haber sorprendido a Borges, ya que él mismo, allá por 1940, había acusado a éste de ser "el verdadero primer Adán del nazismo", de escribir que la democracia era "la desesperación de no dar con Héroes que nos dirijan", de alabar a la Edad Media, de condenar a "las bolsas de viento parlamentarias" y de abominar la abolición de la esclavitud.[151] Por lo que tampoco debería sorprendernos, esta vez a nosotros, lectores de Borges, que Carlyle hubiese pensado que la democracia era "un caos provisto de urnas electorales",[152] ya que éste era el régimen político cuyo advenimiento había trastocado todas

---

[148]   *Ibid.*

[149]   Borges, *Obras Completas.* Tomo I, Buenos Aires: Emecé, 1996, p. 456-460.

[150]   *Ibid.*, p. 308.

[151]   Ver "C. K. Chesterton. The end of the armistice, Sheed and Ward", en *Borges en Sur*, Buenos Aires: Emecé, 1999, p. 230. También en Borges, Jorge Luis. *Otras Inquisiciones. Obras Completas*, Tomo I, *op.cit.*, p. 103.

[152]   *Ibid.*

las relaciones sociales y los ordenamientos jerárquicos co-
nocidos hasta entonces. Para los conservadores franceses en
primer lugar, pero también para los espectadores europeos
y americanos de los sucesos parisinos, la reaparición del
principio político de la *isonomía*, de un gobierno de *iguales*
como el alguna vez concebido por los griegos, pero donde
estos iguales eran ahora *todos*, no podía sino significar la
destrucción de un orden, del orden *per se*, bajo el influjo
intoxicante de una idea, que para colmo sería constituti-
vamente incapaz de reemplazarlo por otro. Esta sospecha
de los conservadores –ante la que, como sabemos, había
originalmente reaccionado Tocqueville, sosteniendo que
el peligro propio del principio democrático no era el caos,
sino el de un nuevo tipo de despotismo– es recuperada
y, sorpresivamente, reivindicada por el filósofo francés
contemporáneo Jacques Rancière.

Para este último, la democracia, la política lisa y llana,
se trata ni más ni menos que de la disrupción de un orden;
en particular, de la disrupción de un orden percibido como
naturalmente fundado. Para Rancière, la democracia, la
novedad incomparable de la democracia, proviene precisamente de no reivindicar para sí ningún origen natural
sino, por el contrario, de amenazarlos y, a su vez, ser la
condición de legitimidad, de todos ellos. Hasta la irrupción
del principio democrático, todo orden, todo cosmos, se pre-
sumía establecido a partir de "la continuidad entre el orden
de la convención humana y el orden de la naturaleza".[153]
Esta continuidad, definida como *arché*, refería a lo que,
de acuerdo con la enumeración platónica, eran los títulos
requeridos para gobernar, títulos de origen pre-político,
pero que se manifestaban en la disposición a gobernar o
a ser gobernados.

---

[153] Rancière, Jacques. *El odio a la democracia*, Buenos Aires: Amorrortu,
2006, p. 60

Estos títulos son siete -dice Rancière-. Cuatro de ellos se presentan como diferencias vinculadas al nacimiento: mandan naturalmente aquellos que nacieron antes o de mejor cuna. Por ejemplo, el poder de los padres sobre los hijos, de los viejos sobre los jóvenes, de los amos sobre los esclavos o de las personas bien nacidas sobre los insignificantes. Siguen otros dos principios, que también atañen a la naturaleza, cuando no al nacimiento. En primer lugar (...) el poder de los más fuertes y, (en segundo lugar), la autoridad de los sabios sobre los ignorantes.[154]

Hasta ahora hemos enumerado seis títulos, anteriores a lo político, que sin embargo legitiman "naturalmente" el orden político consecuente. Pero, sin embargo, es precisamente aquí donde irrumpe una complicación. Porque es recién aquí que empieza la política, donde Platón

encuentra, en el camino que quiere separar su excelencia propia (la del sabio) del mero derecho de nacimiento, un extraño objeto, un séptimo título para ocupar los lugares de superior e inferior, un título que no es tal y que, sin embargo -dice el ateniense- es considerado el más justo: el título de autoridad que lleva el nombre de "amado por los dioses", la elección del dios azar, el sorteo, que es el procedimiento democrático por el cual un pueblo de iguales decide la distribución de lugares.

El escándalo -continua Rancière- es simplemente el de que, entre los títulos para gobernar, hay uno que rompe la cadena, un título que se refuta a sí mismo: el séptimo título es la ausencia de título. Aquí está la perturbación más profunda que la palabra democracia entraña. (...) La desmesura democrática (...) es simplemente la pérdida de la medida según la cual la naturaleza daba su ley al artificio comunitario. (...) El escándalo es el de un título para gobernar enteramente disociado de toda analogía con los que ordenan las relaciones sociales, de toda analogía entre la convención humana y el orden de la naturaleza. Es el de

---

[154]   *Ibid.*, p. 61.

una superioridad que no se basa en más principio que la ausencia misma de superioridad.[155]

Y este escándalo de la disociación establecida por el principio democrático entre legitimidad política y ordenamiento natural da origen, según Rancière, a la política misma: hay política cuando no se puede presumir que el gobierno esté basado en un título natural lógicamente precedente al orden comunitario. "Si la palabra *política* quiere decir algo", concluirá Rancière,

> esto quiere decir algo que se agrega a todos esos gobiernos de la paternidad, la edad, la riqueza, la fuerza o la ciencia que tienen vigencia en las familias, las tribus, los talleres o las escuelas, y que proponen sus modelos para la edificación de formas más amplias y complejas de comunidades humanas.[156]

Pero aquí la cosa se complica una vez más, porque al querer Platón fundar el poder del filósofo en un origen divino, no meramente natural, éste se ve obligado a conceder que

> del cielo nunca vinieron sino dos tipos de gobiernos (...) el reinado directo del pastor divino (...) y el gobierno del azar divino, el sorteo de los gobernantes, o sea, la democracia. El filósofo quiere suprimir el desorden democrático para fundar la verdadera política, pero no puede hacerlo sino sobre la base de este desorden mismo.

> [Si] los sabios deben gobernar no solamente a los ignorantes, sino a los ricos y a los pobres; si deben hacerse obedecer por los poseedores de la fuerza y hacerse comprender por los ignorantes, aquí falta algo más, un título suplementario, común a los que poseen todos estos títulos pero también común a quienes los poseen y a quines no los poseen. Pues bien, el único que queda es el título anárquico, el título

---

[155] *Ibid.*, p. 62-63.

[156] *Ibid.*, p. 69.

propio de aquellos que no tienen más título para gobernar que para ser gobernados.

(...) El escándalo de la democracia (...) es revelar que (...) el gobierno de las sociedades no puede descansar más que en su propia contingencia. Hay hombres que gobiernan porque son los más ancianos, los de mejor cuna, los más ricos o los más sabios. Hay modelos de gobierno y de prácticas de autoridad basados en tal o cual distribución de lugares y competencias. Esta es la lógica que, por mi parte, he propuesto pensar bajo el término policía. Pero si el poder de los ancianos ha de ser más que una gerontocracia, y el de los ricos, más que una plutocracia, [éste] debe descansar sobre un título suplementario: el poder de los que no tienen ninguna propiedad que los predisponga más para gobernar que para ser gobernados. Debe convertirse en un poder político. Y un poder político significa, en última instancia, [que] el poder de los mejores se legitima sólo por el poder de los iguales.[157]

Me perdonarán el abuso de haber presentado extensamente el pensamiento de Jacques Rancière sobre la democracia. Pero ocurre que estas reflexiones, al ser menos sintéticas que las de Borges, me permitieron sugerir detalladamente *uno* de los modos en que aquel domingo de octubre puede haber refutado a Borges: revelando que el poder de los mejores solo puede ser legitimado, contingentemente, por el poder de los iguales. Eso es lo que la democracia argentina probablemente reveló a Borges aquel día, es decir, que un cosmos, incluso un cosmos de "caballeros" –como infelizmente celebrara en público algunos años antes– sólo puede justificarse en un origen democrático, en el caos anárquico cuya expresión electoral, contingentemente, da nacimiento a un cosmos.

Esta refutación, entonces, parece haber sido propinada por la democracia. Lo curioso es que, para haber sido así, el

---

[157] *Ibid.*, p. 69-72.

orden surgido de aquel caos provisto de urnas debía ser ya
claramente un cosmos, y esto solo apresuradamente podría
haber sido afirmado por Borges en diciembre del '83. Por
mi parte, me resisto a aceptar tan fácilmente la hipótesis
del apresuramiento -no porque esto no hubiese podido
ocurrirle a Borges, ya que, como sabemos, le ocurrió más
de una vez-. La razón por la que me resisto a la hipótesis del
apresuramiento es porque Borges parece hacer aprendido
algo más que el hecho de que el caos democrático puede
dar -podía estar dando- origen a un cosmos. En ese mismo
texto, en el párrafo siguiente al ya citado, Borges, en efecto,
va más allá del hecho electoral y del cosmos resultante,
encaminándose a describir el cosmos inmediatamente
precedente, el *ancien régime* que estaba siendo dejado
atrás. Y sobre este decía:

> Nadie ignora las formas que asumió esa pesadilla obstina-
> da. El horror público de las bombas, el horror clandestino
> de los secuestros, de las torturas y de las muertes, la ruina
> ética y económica, la corrupción, el hábito de la deshonra,
> las bravatas, la más misteriosa, ya que no la más larga, de
> las guerras que registra la historia. Sé, harto bien, que este
> catálogo es incompleto.[158]

El párrafo, como siempre sintético y preciso, esta vez no
requiere de mayor elaboración. Aunque sí de relectura. "El
horror público de las bombas", dice Borges, identificando
aquello que precedió al cosmos que se dispone a describir,
un precedente de armas, no de urnas, cuyo resultado no fue
otro que un orden, una pesadilla, cuyas formas fueron los
secuestros clandestinos, la tortura, la muerte, la ruina ética
y económica, la corrupción, la deshonra, la prepotencia y,
por último, la guerra. A la manera de la famosa enciclopedia
china, podríamos fácil, aunque equivocadamente, concluir

---

[158] Borges, Jorge Luis. "El último domingo de octubre", *op.cit.*, p. 307.

que aquella enumeración carece de sentido, que no puede
ser la clasificación de un cosmos, que no puede describir
sino un caos. Pero esto sería subordinar la precisión de la
enumeración borgeana al maniqueísmo de la preferencia
idiosincrática: caos es aquello que rechazamos, cosmos
aquello que aceptamos. Me parece que el rechazo a esta
dicotomía simplista, que había por cierto dominado su pensamiento político, está en la base de la refutación referida
por Borges. Una refutación que, en realidad, es re-visión.
Re-visión que, creo, terminó re-uniendo al Borges de la
opinión con el de la ficción. Porque Borges, en realidad,
ya había visto –la imaginación no es más que visión de lo
no inmediatamente presente– lo que ahora acababa de
volver a ver.

II. Complicación totalitaria

Inútil enumerar en este contexto los múltiples textos
en los que el Borges de la opinión condenó las manifestaciones más notorias de la forma política totalitaria.[159] Inútil
también detenerse en aquellos aspectos de estas opiniones
en los que Borges diluía la novedad de lo que él mismo era
capaz de identificar al momento de su aparición –el totalitarismo– en la confusión simplificadora del eterno retorno
de lo ya conocido. Lo importante, o lo más importante, es
que el Borges de la ficción había ya logrado identificar,
contemporáneamente con ese Borges de la opinión en el
que no me detendré, a la mayor parte de las características

---

[159] Ver, por ejemplo, "Nuestro pobre individualismo", "Dos libros" o "Anotación al 23 de agosto de 1944", todas en Borges, Jorge Luis. *Obras Completas. Otras Inquisiciones*. Tomo I, *op.cit.* Ver también "La guerra: Ensayo
de imparcialidad", "La guerra en América" y "Nota sobre la paz" en
Borges en Sur, op.cit.

que más tarde el pensamiento político contemporáneo se encararía de teorizar.

Fue, sin duda, Hannah Arendt la teórica política que primero y más meticulosamente se abocó a la descripción del fenómeno totalitario. Por razones de espacio, de todos modos, no me demoraré aquí en los detalles de su obra. Me limitaré más bien a sintetizar aquellas observaciones de la autora que encuentran antecedentes, aunque no inspiración, en los escritos de Borges. En primer lugar, la organización de *Los orígenes del totalitarismo*[160] plantea el despliegue sucesivo, pero contingente y genealógico, de tres fenómenos políticos que coinciden punto por punto con el énfasis propuesto por Borges en sus ensayos y ficciones de fines de los años '30 y principio de los '40: el nazismo es el resultado acumulativo del racismo antisemita, el imperialismo militarista y, por último, del movimiento totalitario. Para Arendt, la nueva forma de gobierno encarnada en el totalitarismo se caracterizaba por no poder ser subsumida bajo las categorías precedentes de los *estados de derecho* o de su opuesto, las *tiranías*.[161] Los estados de derecho –las monarquías constitucionales, las repúblicas aristocráticas y las democracias– son gobiernos regidos por la ley, en los que ésta se dedica a determinar los límites a la acción humana, no a dictaminar el contenido y dirección de la misma. Las tiranías, por otro lado, son gobiernos que desconocen toda ley y someten la vida colectiva a la autoridad arbitraria del déspota de turno. La forma de gobierno totalitaria, sin embargo, no podía subsumirse bajo la idea de estado de derecho, ya que la ley totalitaria no es una ley de límite sino una de movimiento, una que no se dedica a definir los límites de la acción sino que se

---

[160]   Arendt, Hannah. *The Origins of Totalitarianism*, Cleveland: Meridian Books, 1958.

[161]   *Ibid.*

propone regir el contenido y *telos* de la misma, y por consiguiente la dirección y el movimiento de la sociedad en
su conjunto. Pero del totalitarismo tampoco podía decirse
que fuera una mera tiranía, ya que la dictadura totalitaria
no se presenta como simplemente arbitraria sino, a la
inversa, como completamente subordinada a leyes muy
superiores a las meramente positivas. El totalitarismo es
un régimen que se presenta como subordinado a las leyes
de la naturaleza (en el nazismo), o a las de la Historia (en el
comunismo), ya que, como diría Borges en "La lotería en
Babilonia", éstos se presentaban y concebían como órdenes
y etapas históricas completamente nuevas y *necesarias*.[162]

¿Pero cómo opera en la práctica este régimen "legal"
pero despótico que llamamos totalitarismo? Lo hace poniendo en escena un doble despliegue "espacial". Por un
lado, el *terror* impuesto por el partido-devenido-estado
destruye las relaciones sociales "normales" y genera el
vacío de sentido requerido para que la *ideología* totalitaria, el despliegue lógico de una idea, fluya sin resistencias,
empujando a la sociedad en la dirección que las leyes de
la naturaleza y la historia supuestamente de por sí deter-
minaban. En obras posteriores, Arendt agregaría nuevos
elementos a la constelación de prácticas e instituciones ya
identificadas en su primer libro, entre las que sobresalen el
racismo de inspiración "biológica", el alcance global de la
expansión imperialista, la propaganda totalitaria, las "or-
ganizaciones especiales", la dominación total, la desolación
de la sociedad de masas y los campos de concentración.

Los nuevos elementos, posteriormente identificados,
fueron fundamentalmente dos. Primero, la reversión hacia el pasado de la capacidad transformadora de la acción, produciendo el efecto de hacer imprevisible no ya

---

[162]   Borges, Jorge Luis. *Obras Completas*. Tomo I, *op.cit.*, p. 457. Mí énfasis.

el futuro –ahora dictado por el Partido ("La Compañía", diría Borges[163])– sino el pasado, ya que este mismo Partido precisaba de la reescritura constante de lo sucedido para hacerlo coincidir con las siempre novedosas y promisorias necesidades ideológicas de lo por venir.[164] El segundo elemento, seguramente el más polémico de los sugeridos por Arendt, fue el de la irremediable banalidad de los perpetradores de las "masacres administrativas" del totalitarismo.[165]

Como antes con Rancière, tampoco diré ahora que las sintéticas ficciones de Borges coincidieron punto por punto con lo analíticamente desmenuzado y conceptualmente elaborado por Arendt. Sí diré, de todos modos, que las intuiciones centrales, y muchas de las observaciones secundarias, de "Tlön, Uqbar, Orbis Tertius", "La lotería en Babilonia", y los ensayos sobre la emergencia del nazismo en Alemania, por mencionar los textos más significativos, sugieren la identificación por parte de Borges, mucho más temprana, pero también mas intuitivamente, que Arendt, de un mismo fenómeno general. Analicemos simplemente "Tlön, Uqbar, Orbis Tertius", a modo de ejemplo. Esta fue, según Borges, una versión más razonable, más haragana,[166] de una "novela en primera persona [que permitiera] a unos pocos lectores –a muy pocos lectores– la adivinación de una realidad atroz o banal".[167] Herbert Ashe, afiliado de la sociedad secreta que se proponía la "intrusión del mundo fantástico en el mundo real",[168] "padeció de irrealidad", como

---

[163]   Borges, Jorge Luis. "La lotería en Babilonia", en *Obras Completas*. Tomo I, *op.cit.*

[164]   Ver Arendt, Hannah. "Truth and Politics", en *Between Past and Future*, New York: Penguin Books, 1993.

[165]   Ver Arendt, Hannah. *Eichmann in Jerusalem*, New York: Penguin, 1994.

[166]   Ver Borges, Jorge Luis. *Obras Completas*. Tomo I, *op.cit.*, p. 429.

[167]   *Ibid.*, p. 431.

[168]   *Ibid.*, p. 441.

el nazismo, que "es inhabitable; [ya que] los hombres solo pueden morir por él, mentir por él, matar y ensangrentar por él";[169] y en este *brave new world*, la metódica elaboración de *hrönir* "ha permitido interrogar y hasta modificar el pasado, que ahora no es menos plástico y menos dócil que el porvenir".[170] En fin, lo cierto es que "el contacto y el hábito de Tlön", de la ideología Tlön, se propuso y ha logrado cambiar "la faz del mundo".[171]

Hay, sin embargo, algunos elementos de los imaginados por Borges que parecen no haber encontrado un lugar central en los análisis de Arendt. ¿Por qué una idea lograría imponerse al mundo? ¿Por qué motivo a la fantasía totalitaria de un hombre y un mundo nuevos le sería tan fácil tomar por asalto a la realidad? Borges ofrece una interpretación. Cuando los cuarenta volúmenes de la Primera Enciclopedia de Tlön son exhumados en Memphis:

> Casi inmediatamente, la realidad cedió en más de un punto. Lo cierto es que anhelaba ceder. Hace diez años [o sea, en 1937] bastaba cualquier simetría con apariencia de orden –el materialismo histórico, el antisemitismo, el nazismo– para embelesar a los hombres. ¿Cómo no someterse a Tlön, a la minuciosa y vasta evidencia de un planeta ordenado? Inútil responder que la realidad también está ordenada. Quizá lo esté, pero de acuerdo a leyes divinas –traduzco: a leyes inhumanas– que no acabamos nunca de percibir. Tlön será un laberinto, pero es un laberinto urdido por los hombres, un laberinto destinado a que lo descifren los hombres.

Las observaciones de Arendt, coincidentes, como en efecto lo son, con mucho de lo planteado por otro gran

---

[169]   Borges, Jorge Luis. *Obras Completas.* Tomo II, Buenos Aires: Emecé, 1996, p. 106.

[170]   Borges, Jorge Luis. *Obras Completas.* Tomo I, *op.cit.*, p. 439-440

[171]   *Ibid.* p. 443

teórico del totalitarismo, el filósofo francés Claude Lefort,[172] sin embargo difieren de las de este último en un aspecto crucial, implícitamente vinculado con la interpretación deslizada por Borges. Para Arendt, la emergencia de lo social y la consiguiente abolición de la distinción entre las esferas pública y privada,[173] la creciente soledad y aislamiento característicos de los hombres y las mujeres de la sociedad de masas, en definitiva, las condiciones sociales propias de la modernidad, estaban en continuidad directa con el surgimiento del totalitarismo. Para Lefort, por el contrario, el totalitarismo surge como reacción a la modernidad, en particular a la disolución de los referentes de certeza[174] del orden conservador, disolución que es consecuencia de la emergencia del principio democrático moderno. Es cierto que, tanto para Arendt como para Lefort, el totalitarismo no es posible sin la democracia, ya que es ésta la que subvierte el orden teológico-político premoderno y promueve las condiciones históricas que hicieron posible la aparición de la forma política totalitaria. Pero también es cierto que esta posibilidad es vista por Arendt como estableciendo una continuidad con las lógicas inauguradas por la modernidad y la revolución democrática;[175] mientras que, para Lefort, el totalitarismo surge como respuesta, y fundamentalmente en oposición, a la experiencia inaugurada por las revoluciones democráticas modernas.

Esta experiencia, que Lefort, junto con Tocqueville, describe como de mutación de un orden basado en el principio generativo de la diferencia (el teológico-político)

---

[172] Ver Lefort, Claude. *La incertidumbre democrática*, Barcelona: Anthropos, 2004.

[173] Arendt, Hannah. *The Human Condition*, Chicago: Chicago University Press, 1998.

[174] Lefort, Claude. *La incertidumbre democrática*, *op.cit.*, p. 50.

[175] Ver Arendt, Hannah. *On Revolution*, New York: Penguin, 1990.

a otro, el democrático, surgido del principio generativo de la igualdad, tiene como resultado el desvanecimiento de aquellos títulos y marcas sociales que naturalizaban el orden social y políticamente jerárquico pre-moderno. El principio democrático baña de incertidumbre las relaciones sociales y políticas, haciéndolas inestables y cambiantes, a la vez que habilitando las libertades políticas e individuales propias de las democracias modernas. Políticamente, la democracia se instituye como un orden político "decapitado" en el que el poder, antes encarnado en el cuerpo del rey, a su vez la cabeza del cuerpo político, ahora es vaciado y sometido a la regular competencia electoral y política, es decir, al caos periódico y regulado de la apertura al abismo de la voluntad popular. Ontológicamente, la democracia inaugura una experiencia en la que la sociedad se abre a su propia institución y, en el mismo gesto, renuncia a la existencia de un punto de vista, el teológico-político, desde el cual la sociedad puede ser vista completamente y en simultaneidad; en palabras de Borges, aceptando que el mundo está regido por leyes que "no acabamos nunca de percibir". El totalitarismo, por su lado, emerge precisamente de esta generalización de la incertidumbre democrática, pero surge de ella porque surge contra ella. El totalitarismo, un régimen político moderno y sin precedentes, apreciación en la que coincidirían Arendt, Borges y Lefort, se constituye en el intento de re-incorporar el lugar del poder en un órgano –el partido– que busca monopolizar el conocimiento de lo social, ofreciendo el paliativo de certeza que las sociedades modernas buscan, con más frecuencia de lo que pensamos, ante la incertidumbre generada por la experiencia democrática. En definitiva, como diría Borges, lo cierto es que, bajo ciertas circunstancias, en algunos momentos trágicos de la historia del siglo XX, algunas sociedades anhelaron ceder a la fantástica garantía de certeza ofrecida por el totalitarismo.

Conclusión

Casi cuarenta años antes de la refutación democrática, y luego de quejarse con fina ironía del incorregible individualismo de los argentinos, Borges, en su famosa nota de 1946, sentenciaba:

> El mundo, para el europeo, es un cosmos en el que cada cual íntimamente corresponde a la función que ejerce; para el argentino, es un caos.

> (...) Consideremos, por ejemplo, dos grandes escritores europeos: Kipling y Franz Kafka. Nada, a primera vista, hay entre los dos en común, pero el tema del uno es la vindicación del orden, de un orden; el del otro, la insoportable y trágica soledad de quien carece de un lugar, siquiera humildísimo, en el orden del universo.

> Se dirá que los rasgos (de los argentinos) que he señalado son meramente negativos o anárquicos; se añadirá que no son capaces de explicación política. Me atrevo a sugerir lo contrario. [Ante] el más urgente de los problemas de nuestra época (...) cuyos nombres son comunismo y nazismo, el individualismo argentino, acaso inútil o perjudicial hasta ahora, encontrará justificación y deberes.

Quizás esta justificación y estos deberes –justificación de la disrupción anárquica de un orden, el totalitario, y deberes que hacen de esta disrupción un acto de pura responsabilidad política– hayan sido lo que aquel asombroso domingo de octubre finalmente corroboró.

McOndo™ como marca global:
Una visión de América Latina del fin de siglo XX

Antoinette Hertel

A partir de la última década del siglo XX, la producción y consumo de conocimientos de la crítica literaria y cultural sobre América Latina circulan de forma transnacionalizada y globalizada entre las academias europeas y norte y latinoamericanas, resultando en una hegemonía de modas intelectuales tales como las teorías poscoloniales, posmodernas y la *identity politics*. Muchas veces se aplican en el análisis cultural de manera que el sujeto subalterno se idealiza y se esencializa. A lo largo de la historia literaria hispanoamericana han surgido numerosas construcciones de sistemas o modelos de identidad que no eran independientes de los modelos civilizatorios vigentes en su momento. Tanto unos modelos como los otros proyectaban construcciones culturales que proponían englobar la diversidad de la región bajo una unidad esencial. En las últimas décadas del siglo XX surge el realismo mágico, degenerado a su vez en "macondismo" a través de la generalización de una identidad local (la de la costa caribeña colombiana que se vislumbra en *Cien años de soledad*) como identidad nacional y, luego, como identidad latinoamericana. Más allá de las intenciones que el mismo autor haya tenido al escribir la novela, este mundo ficticio que produjo, Macondo, constituye una de las lentes más ubicuas a través de la cual lectores, tanto

latinoamericanos como del exterior, interpretan América
Latina.[176]

En el fin de milenio, el escritor chileno Alberto Fuguet
fabricó una marca transnacional de identidad latinoamericana, *McOndo*, que sería su antídoto al Macondo de Gabriel
García Márquez como lente de interpretación de la región.
Dice Fuguet: "A diferencia del mundo etéreo del Macondo
imaginario de García Márquez, mi propio mundo es algo
mucho más cercano a lo que yo llamo 'McOndo' –un mundo
de McDonald's, Macintoshes y condominios–".[177] Para el
autor, en el contexto del neoliberalismo y la globalización,
la identidad es algo que se comercializa, se empaqueta y se
vende. En sus dos décadas de publicación como periodista
y escritor de ficción, se ha abierto un nicho en el mercado.
Desde una perspectiva globalizada, Fuguet celebra que
el mercado controla la cultura y hace maniobras crecientemente audaces que reflejan el mundo mercantilizado
que representa en sus textos. En este texto me propongo
examinar el desarrollo de esta estética neoliberal y sus
implicancias para la interpretación de América Latina.

Es cierto que el funcionamiento complejo del discurso
particularista pero universalizante del macondismo, con
su oposición a la modernidad y celebración de una mágica
forma de ser, ha opacado la interpretación y dificultado la
afirmación de otras identidades. Una respuesta categórica a
este problema fue la publicación de Alberto Fuguet y Sergio
Gómez en 1996 de *McOndo*, una colección de cuentos
que tenían como criterio principal que no fueran textos

---

[176]   Según el sociólogo José Joaquín Brunner, el macondismo consiste en
interpretar a América Latina a través de la literatura. Es la creencia de
que esos relatos (sobre todo cuando vienen de ser aclamados por la
crítica extranjera) son constitutivos de la realidad latinoamericana.
Brunner, José Joaquín. *América Latina: Cultura y Modernidad*, México:
Grijalbo, 1992.

[177]   Fuguet, Alberto. "I am not a magic realist!", *Salon.com*, 1997.

mágico-realistas. El prólogo a la colección, "Presentación del país McOndo", se lee como una estrategia de comercialización que ofrece un producto hecho según una receta popular, para la hibridez en la que los autores se ofrecen como representantes de una nueva generación de escritores latinoamericanos. Los editores manifiestan su frustración al no haber podido publicar en el extranjero ningún tipo de escritura que no entre en la lógica de los promotores de textos macondistas.

Los editores de *McOndo* argumentan que, debido al reconocimiento mundial del boom literario latinoamericano y su elemento más ubicuo, aunque no demasiado representativo, el realismo mágico, para muchos autores latinoamericanos que no entran en ese molde no ha sido fácil publicar, hacerse conocer y leer, tanto en sus contextos locales como en los Estados Unidos y Europa. Aunque esto sea parcialmente cierto, sostengo que desplazar al realismo mágico, y al macondismo derivado y reinante, no describe el propósito completo de *McOndo* y su prólogo. A esto hace falta agregarle el propósito de desplazar a una simpatía por una izquierda política asociada con los escritores del *boom* latinoamericano, para reemplazarla con una celebración del neoliberalismo contemporáneo. Y esto, sobre todo, para poder vender una visión "nueva" de América Latina. Esto es, la motivación para desplazar Macondo con McOndo no es únicamente la de deconstruir una mala lectura de América Latina perpetrada por el macondismo, sino también la de abrir un espacio en el mercado para una "nueva" identidad neoliberal latinoamericana propia. Es decir, económicamente hablando, es el *boom* del *boom* lo que más desean emular.

Según Fuguet, al principio *McOndo* se forjó como una sensibilidad literaria, un anti-*boom*, pero vino a representar mucho más, esto es, "una cierta forma de mirar la vida, o,

mejor aún, de entender América Latina".[178] Esta manera
de entender América Latina es donde McOondo pasa al
McOndismo, con una interpretación deliberada de la región en términos puramente globales, como si fuera una
franquicia en una corporación multinacional. Modelándose
en la manera en que funciona el macondismo, Fuguet
ofrece su propia interpretación reducida y particular de *la*
identidad latinoamericana. La generación del *boom*, en la
caracterización de Fuguet, en algún momento era "ultra-
politizado" y García Márquez en particular celebraba una
interpretación macondista de lo latinoamericano como
un antídoto al imperialismo. En contraste, Fuguet se au-
todenomina "apolítico" y dice que escribe "sin una agenda
explícita", al mismo tiempo que celebra la globalización
como latinoamericana. La aserción del escritor chileno
de que él está más allá de la política es una ofuscación
de la identificación de McOndo con el neoliberalismo del
mercado libre.

Muchas lecturas académicas de la ficción de Fuguet la
ven, acríticamente, como una descripción fiel de su estrecho medio social y cultural y como una representación de
la experiencia benigna de la "desterritorialización". Visto
de esta manera, la globalización no es una forma nueva
de dominación a través de la cultura, sino un principio
cultural abstracto que desterritorializa toda experiencia,
tanto del llamado tercer mundo como del primero. Este
punto de vista entiende la desterritorialización como una
pérdida de una relación natural de la cultura con territorios
geográficos o sociales, a través de la cual la globalización
crea una especie de unidad en el mundo.[179] Podemos tomar

---

[178]   Fuguet, Alberto. "Magical Neoliberalism", en *Foreign Policy* 125, 2001, p. 69.

[179]   Tomlinson, John. *Globalization and Culture*. Chicago: U Chicago Press,
        1999. García Canclini, Néstor. *Consumidores y ciudadanos: Conflictos
        multiculturales de la globalización*, México: Grijalbo, 1995.

como ejemplo característico de este tipo de lectura estas palabras de Agustín Pastén, quien sostiene que "el mérito de la obra de Fuguet consiste principalmente en su naturaleza documental, en el hecho de que, nos guste o no, ofrece una imagen de Chile que es también real".[180] Estas lecturas de la obra de Fuguet como evidencia documental de la cultura globalizada de Chile omiten mencionar la manera hondamente satírica y estridente en que el autor descarta la América Latina que no corresponde a su limitada geografía personal, determinada por su posición social de privilegio.

El Chile contemporáneo desde el que Alberto Fuguet escribe cree corresponder al deseo histórico de muchos sectores de América Latina de alcanzar, o incluso sobrepasar, los modelos económicos de los Estados Unidos y Europa. El país, reiteradas veces celebrado por su milagro económico, es el que habita y describe Fuguet. En cuanto a la contracara de este mundo globalizado, la del desarrollo económico y social desigual dejado por la dictadura, es algo que éste ignora o evita. Por otra parte, celebra en sus textos el sufrimiento que viene con vivir en el mundo globalizado, por ejemplo, el estrés del consumidor o las largas horas de trabajo.

Fuguet comienza el prólogo a *McOndo* con una anécdota de la vida real: un escritor joven (se sabe que es Fuguet porque lo confiesa en otra publicación) asiste al International Writers' Workshop de la Universidad de Iowa en Estados Unidos, donde descubre "que lo latino está *hot*".[181] El "tema" está en todas partes, en los departamentos de español y en los suplementos literarios estadounidenses,

---

[180]   Pastén B, J. Agustín. "Neither *Gro*balized nor *Glo*calized: Fuguet's or Lemebel's Metropolis?", en *AmeriQuests*, 2.1, 2005, p. 8.

[181]   Fuguet, Alberto y Gómez, Sergio. "Presentación del país McOndo", en *McOndo*, Barcelona: Mondadori, 1996, p. 9.

y la película "Como agua para chocolate" arrasa en la taqui-
lla. Fuguet nota que las librerías están llenas de "'sabrosas'
novelas" escritas por autores con apellidos hispanos. Una
revista literaria de prestigio lo invita a participar en un
número especial dedicado al fenómeno latino. El cuento
de Fuguet se rechaza por "carecer de realismo mágico"
ya que al carecer de este elemento, el editor explica, su
cuento "bien [pudo haber sido escrito] en cualquier país
del Primer Mundo".[182] En la versión inglesa del prólogo,[183]
Fuguet escribe que su primera tarde en el Programa internacional de escritores de la Universidad de Iowa tendría
que haberle servido de aviso para este tipo de rechazo.
Todos los escritores "extranjeros" fueron invitados a una
recepción de bienvenida, a la que se les alentaba a llevar
su "atuendo nativo". El escritor chileno asistió en "una
remera de MTV Latino (...) pantalones cortos y un par de
sandalias Birkenstock", lo cual, según Fuguet, defraudó a los
coordinadores del programa. Lo notable en esta historia, de
todos modos, es cómo a Fuguet no le molestaba la idea de
ser incluido al azar en un número por el sólo hecho de ser
Latino, sino el descubrimiento de que no sería considerado
para la publicación por no serlo suficientemente. Es esta
la experiencia que lo lleva a poner en la mira al macondismo –la forma más exitosa y ubicua de comercializar
América Latina–.

En sus críticas, sin embargo, muchas veces atribuye
la lectura reductiva de la región, no al macondismo, sino
al realismo mágico en sí mismo. A su modo de ver, otros
han copiado cínicamente el estilo de escritura del realismo
mágico, y las imitaciones baratas de la escritura garcía mar-
queciana abundan en librerías en todo el mundo. Ejemplos

---

182   *Ibid.*, p. 10.
183   "I am not a magic realist!", *Ibid.*

omnipresentes serían *La casa de los espíritus*, de Isabel Allende, o *Como agua para chocolate*, de Laura Esquivel. De todas maneras, no es necesario que un texto sea mágicorealista para que sea promocionado y comercializado como una historia exótica "típicamente latinoamericana" por los mercados estadounidenses y europeos.[184] Lo que es problemático con la crítica de Fuguet es que protesta contra la imagen dañina, estereotipada, mágica de América Latina que promueve el mercado cuando rechaza su trabajo, pero al mismo tiempo no cuestiona las estrategias comerciales que se aplican a los textos "latinos" que ve en los estantes de las librerías, igualando el contenido de los libros con sus coloridas tapas. Además, el autor chileno subraya la superioridad temática de sus propios textos de estatus económico privilegiado, describiendo acusadoramente como "culto al subdesarrollo" los exitosos libros llenos de "sagas de trabajadores agrícolas migrantes traspirados, refugiados políticos malentendidos, o la violencia picante del barrio"[185].

Y así nació *McOndo*. Fuguet decide entonces vengarse de la experiencia relatada, excluyendo a todo realismo mágico de la colección. Pero, en realidad, los mismos coeditores ya habían publicado otra antología anterior de autores chilenos con el título *Cuentos con Walkman*. En un gesto fabuloso de autopromoción, Fuguet cita en el prólogo a *McOndo* la tapa de esta colección anterior, afirmando que *Cuentos con Walkman* es un precursor culturalmente apropiado a *McOndo*: "una nueva generación literaria que

---

[184]   Un ejemplo de esto es la antología de ficción latinoamericana de 1991 llamada *A Hammock beneath the Mangoes* (Ed. Thomas Colchie, Penguin), que muestra en la tapa a una mujer cubierta de plantas y pájaros tropicales e incluye autores urbanos tan diversos como Jorge Luis Borges, Manuel Puig, Isabel Allende, Clarice Lispector, Jorge Amado, Reinaldo Arenas y García Márquez.

[185]   "I'm not a magic realist", *Ibid.*

es post-todo: post-modernismo, post-yuppie, post-comu-
nismo, post-baby boom, post-capa de ozono. Aquí no hay
realismo mágico, hay realismo virtual".[186] Asimismo, Fuguet
y Gómez no dejan de señalar que *Cuentos con Walkman*
estaba entonces en su cuarta edición y que había vendido
más de 10 mil copias en Chile.

Como buenos hipócritas, apenas terminan de llamar
la atención sobre la nueva generación literaria que repre-
sentan *Cuentos con Walkman* y *McOndo*, insisten en que
el prólogo en el que se lee tal cosa no es un manifiesto. De
todos modos, "Presentación del país McOndo" es, efectivamente, un manifiesto, uno en que los que firman atacan lo
que ven como vacas sagradas de la cultura latinoamericana:
el realismo mágico y el proyecto político de izquierda con
su folklore autóctono. Argumentan que estos son meros
estereotipos de lo latinoamericano empaquetados para
la exportación, con el Macondo de García Márquez como
ejemplo máximo. Más tarde, Fuguet publica una defensa
de McOndo como un cambio generacional,[187] y continúa usando el llamativo término en charlas y entrevistas
como descriptor de su movimiento. Aunque Fuguet finge
desdeñar cualquier interés contemporáneo o académico
en su *McOndo*, es evidente que aprovecha y sobrevive del
humilde éxito del mismo.[188] Sus esfuerzos definitivamente

---

[186]   "Presentación", *Ibid.*, p. 10.

[187]   Como ya he mencionado, en 2001 aparece su "Magical Neoliberalism"
        en *Foreign Policy*.

[188]   Por ejemplo, Fuguet dice en su blog, domingo, 6 de agosto, 2006, "McOn-
        do: ten years later... Agosto 96-Agosto 06": "No mucho q decir al res-
        pecto. Me han llegado muchas solicitudes para hablar de McOndo,
        para reeditar McOndo, etc. Un par de cosas: en efecto, se cumplen
        este mes 10 años de la aparición del dichoso libro. Creo q pocos libros
        se han leído peor. Pero da lo mismo. A aquellos académicos que me
        preguntan, les respondo: el libro está agotado, debe estar en algunas
        bibliotecas norteamericanas, y NO será reeditado. Básicamente porque
        no quiero. en todo caso, para aquellos que creen que el puto prólogo es

han influido en los críticos, los que en su mayoría se refieren a Fuguet y "la generación McOndo", o "al grupo McOndo", sin cuestionarlo.

Según el prólogo a *McOndo*, un criterio clave para su publicación era encontrar una editorial que aseguraría su distribución en toda América Latina, "para así tratar de borrar las fronteras"; tal y como fue el caso con los escritores del *boom*, señala que los autores hispanoamericanos hoy no se venden en el continente a no ser que publiquen (y, posiblemente, vivan) en Barcelona. La editorial que publicó *McOndo*, Mondadori, efectivamente es una de éstas.[189] A pesar de haberse referido a la publicación como un cruzar el Atlántico para "borrar" las fronteras nacionales de América Latina, también caracteriza al proyecto como un "viaje de descubrimiento y conquista" por un "territorio desconocido, virgen".[190] Es un acto de malabarismo admirable emular el sueño bolivariano de una América libre y unida, y al mismo tiempo reconstruir la conquista española de las Américas.

El prólogo describe la índole individualista de los cuentos incluidos en la colección como el resultado de la

---

necesario que citarlo, aquí va". Pero tan recientemente como el 2008, al finalizar un semestre en UCLA, donde había dictado un curso de posgrado sobre McOndo, Fuguet dio una charla en la Universidad de New Mexico en Albuquerque con el título *"Borders, Borderlines, Liminality and Hyphens: A McOndo take on the Southwest"* ["Fronteras, Límites, Liminalidad y Guiones: Una perspectiva McOndo del Southwest"], para la que lo promocionaban como *"one of the founders and members of the so-called McOndo generation"* ["uno de los fundadores y miembros de la así llamada generación McOndo"].

[189]   Ver Herrero-Olaizola, Alejandro, para una discusión de la relación del mercado del libro latinoamericano con la industria editorial española y las políticas gubernamentales: "Publishing Matters: Francoist Censorship and the Latin American Book Market", en *Literary Research/Recherche Littéraire*, 19.37-38, 2002, pp. 21-28.

[190]   "Presentación", *Ibid.*, pp. 11-12.

privatización global: "El gran tema de la identidad latinoamericana (¿quiénes somos?) pareció dejar paso al tema
de la identidad personal (¿quién soy?)". A continuación,
Fuguet describe los cuentos como reflejo del cambio de
enfoque del escritor de América Latina, que va de lo social
y colectivo de los movimientos revolucionarios al consumo
apolítico: "Si hace unos años la disyuntiva del escritor joven
estaba entre tomar el lápiz o la carabina, ahora parece que
lo más angustiante para escribir es elegir entre Windows 95
o Macintosh". Para recalcar, ofrecen el dato aparentemente
inocente, pero ficticio, de que todos los autores de la colección han nacido entre 1959 y 1962. Dicen: "Nos decidimos
por una fecha que fuera desde 1959 (que coincide con la
siempre recurrida revolución cubana) a 1962 (que en Chile
y en otros países, es el año en que llega la televisión)".[191]
De esta forma equiparan la revolución social que inspiró
a una generación de escritores de América Latina, los del
así llamado *boom*, con la difusión tecnológica.

Con el título, los editores de *McOndo* dicen que han
querido llamar la atención sobre "la mirada que se tiene
de lo latinoamericano", y ellos proponen agregar elementos
omitidos en esta visión parcial:

> No desconocemos lo exótico y variopinto de la cultura y
> costumbres de nuestros países, pero no es posible aceptar
> los esencialismos reduccionistas, y creer que aquí todo el
> mundo anda con sombrero y vive en árboles. Lo anterior
> vale para lo que se escribe hoy en el gran país McOndo, con
> temas y estilos variados, y mucho más cercano al concepto
> de aldea global o mega red.[192]

En estas líneas, el argumento es que *McOndo* ofrece
una visión más comprensiva de lo latinoamericano, pero

---

[191]   *Ibid.*, pp. 13-14.
[192]   *Ibid.*

en lo que sigue privilegian una visión también parcial de la región, una que resalta los aspectos urbanos, modernizados, y hasta globales, sobre otros, tal vez rurales y folklóricos. De hecho, para Fuguet y Gómez su McOndo es, sobre todo, una marca comercial de identidad Latinoamericana. Nos piden considerar a McOndo como una marca registrada. Esto se complementa con que enfatizan a lo largo del prólogo con su *nosotros* y *lo nuestro* que su propósito es construir una identidad nacional-continental al referirse a McOndo como "país". La sección que sigue se lee particularmente como un manifiesto por una América Latina neoliberal:

> Nuestro McOndo es tan latinoamericano y mágico (exótico) como el Macondo real (que, a todo esto, no es real sino virtual). Nuestro país McOndo es más grande, sobrepoblado y lleno de contaminación, con autopistas, metro, TV-cable y barriadas. En McOndo hay McDonald's, computadores Mac y condominios, amén de hoteles cinco estrellas construidos con dinero lavado y *malls* gigantescos.[193]

Los elementos de su nación, nuevamente, son los urbanos, con énfasis especial en la circulación de productos y marcas internacionales. La explicación de la magia de su McOndo viene en este fragmento:

> En nuestro McOndo, tal como en Macondo, todo puede pasar, claro que en el nuestro cuando la gente vuela es porque anda en avión o están drogados. Latinoamérica, y de alguna manera Hispanoamérica (España y todo el USA latino) nos parece tan realista mágico (surrealista, loco, contradictorio, alucinante) como el país imaginario donde la gente se eleva o predice el futuro y los hombres viven eternamente. Acá los dictadores mueren y los desaparecidos no retornan. El clima cambia, los ríos se salen, la tierra tiembla y don Francisco coloniza nuestros inconscientes.[194]

---

[193]   *Ibid.*, p. 15.
[194]   *Ibid.*

Este mundo "Latino", geográfica y culturalmente más global, que se comienza a vislumbrar en *McOndo*, es central a la colección más reciente editada por Fuguet con Edmundo Paz Soldán en 2000: *Se habla español: Voces latinas en USA*. Los relatos de este libro inscriben voces latinas/latinoamericanas en cada región de los Estados Unidos, con las que se hace una especie de *road trip* por el mapa de ese país. En su prólogo a *Se habla español*, Paz Soldán y Fuguet afirman que la antología trata de los Estados Unidos, sólo que está en español, o lo que ellos llaman "el nuevo idioma del gigante". "Voces latinas" podría indicar a ciertos lectores que los autores sean hispanos estadounidenses, pero es justamente por la casi exclusión de éstos de la colección que se criticó a Paz Soldán en una presentación del libro. Los editores explican que querían que los relatos reflejaran la experiencia de los latinoamericanos en USA, y al tomar esa posición preguntan: ¿es posible hoy no tener nada que ver con los Estados Unidos? Para ellos, la globalización significa la americanización; no el final de lo latinoamericano, sólo la forma de serlo en la actualidad.

El prólogo de *Se habla español* se refiere a la histórica división entre América Latina y los Estados Unidos como una división antagónica, un "nosotros" versus un "ellos", a la Martí y Rodó, en que se consolida lo latinoamericano en oposición al vecino poderoso del norte. El modelo literario para América Latina a lo largo de los últimos dos siglos fue Europa, pero, a la vez, con el declive de la influencia europea surgió la norteamericana, con nuevos destinos como Nueva York, Miami y la frontera entre EEUU y México. Paz Soldán y Fuguet citan la tradición anglosajona de los relatos de viaje a lugares "exóticos" como punto de partida para su colección, pero hacen el viaje al revés. Aquí los EEUU se vuelven el lugar maravilloso, exótico, exuberante y, sobre todo, peligroso en el que el latinoamericano puede perderse.

Los editores de esta antología proponen incluir a los Estados Unidos en América Latina, explicando que "acá se habla español".[195] Pero no es este elemento latino o hispanohablante que forma parte de la cultura heterogénea de los Estados Unidos lo que realmente tiene el peso cultural en su McOndo-América, sino una influencia inversa, y sobre todo comercial, en la que las manifestaciones de la América Latina global son McDonald's y condominios. Y a pesar de sus intervenciones desde la literatura y la prensa, el modelo McOndo neoliberal no ha triunfado, lo que es especialmente claro con el surgimiento de un nuevo latinoamericanismo[196] y su resistencia a la hegemonía de los Estados Unidos en la región. La McOndo-América de Fuguet y Gómez es una degeneración degradada del discurso macondista en su manifestación contemporánea más cínica, una visión posmoderna en la que todos los aspectos de la vida se han mercantilizado. Luego de las crisis económicas del comienzo del siglo XXI, el milagro económico, generalizado a la globalización o la americanización de la identidad latinoamericana, ya no tiene consumidores.

---

[195] Fuguet, Alberto y Paz Soldán, Edmundo. *Se habla español*, p. 20.

[196] Me refiero a su "Hacia un nuevo latinoamericanismo (luego del 9/11)". Originalmente una charla que dio en la Universidad de Pittsburgh, publicado luego en *A Contracorriente: Revista de Historia Social y Literatura en América Latina*, 2.1, 2004, pp. 21-32.

EPÍLOGO

¿Dónde queda el olvido?
Una nota acerca del padre de Borges[197]

Norman Klein

Preparando la Introducción a mi *The History of Forgetting*, estudié sobre teoría de la memoria en busca de una genealogía para la historia del olvido. En los primeros borradores, mis fuentes encajaban en una narrativa ordenada y cerrada, a la manera de la historia intelectual anterior a los años '70. De todos modos, el sujeto mismo –las teorías del olvido– es, incuestionablemente, un imaginario social él mismo. De Platón a Freud, reaparecen innumerables imaginarios paralelos, que fueron luego puestos en práctica como nemotécnica (retórica) y, finalmente, como terapia (psicoanálisis). El olvido tiene lugar –o tiene "un" lugar, pero precisamente dónde nadie parece estar seguro, excepto por la estela vacía que éste deja–. El término "distracción" en psicología cognitiva describe esta contradicción. A lo que agregué el adjetivo "simultáneo" para enfatizar la paradoja del olvido –*distracción simultánea*– y le asigné dos formatos: 1) Para poder recordar, algo debe ser olvidado. 2) El lugar en el que la memoria es almacenada coexiste con su propio borramiento y, por lo tanto, es demasiado inestable para tener límites...

El primer texto occidental sobre la paradoja de la distracción es atribuido a los griegos y, luego, a los sistemas

---

[197] Traducido por Martín Plot. Este trabajo fue parcialmente publicado en Klein, Norman. *The History of Forgetting. Los Angeles and the Erasure of Memory*, Nueva York: Verso, 2008.

romanos para la construcción de la memoria, la nemotécnica. Tanto Platón como Aristóteles imaginaron a la
memoria como una substancia cerosa al interior del alma,
fácilmente inscribible pero igualmente fácil de borrar, particularmente si la cera era espesa y barrosa. Algún grado
de borrado (olvido) era, como muchos sistemas repitieron
luego, inevitable.[198] Por ejemplo, *aporía*, la inhabilidad
de saber cómo o cuándo empezar, era considerada un
síntoma de olvido a ser resistido a través de la disciplina
nemotécnica. La "memoria artificial" protegía contra este
tipo de pérdida, pero no lo hacía fácilmente. Recordar era
arduo, requería imaginarios sólidos como un acueducto.
De los romanos al Renacimiento, los estudiantes eran en-
trenados para luchar contra la *aporía* a través de "teatros
de la memoria", imaginarios espaciales que evitaban que
el conocimiento fuese arrastrado hacia el olvido.

Para un experimentado retórico romano, el orden de
cientos de nombres –o el de miles de líneas de Virgilio– podía ser reestablecido en *loci*, en hangares imaginados como
paredes de hechos, resistiendo firmes mientras el olvido
las rodeaba. Del mismo modo, como describió el clásico
trabajo de Yates sobre el "arte de la memoria", el estudioso
renacentista Giulio Camilo quiso, en efecto, construir un
teatro de la memoria con cajas de madera (cada una conte-
niendo archivos).[199] El diseño de éste sería similar a los siete
pasadizos del escenario romano, pero con inscripciones en
cada pilar y con subtítulos que conectaban la mente con
los planetas. Camilo estaba combinando la teoría romana
con el interés renacentista en oscuras redefiniciones del
cristianismo por medio de la cábala y la filosofía hermética.

---

[198] Krell, David Farrell. *Of Memory, Reminiscence and Writing: On the Verge*,
       Bloomington: Indiana University Press, 1990, pp 13-83.

[199] Yates, Frances A. *The Art of Memory*, Chicago: University of Chicago
       Press, 1960, p. 140.

En Inglaterra, el erudito Robert Fludd diseñó lo que esperaba se convirtiese en una habitación de la memoria, algo
así como una sala de espera para caballeros, al interior de
un espacio más grande, que podría haber sido modelado
en el teatro circular de Shakespeare. Para ejercitar la memoria y mantenerla disponible, se suponía que uno debía
imaginar cinco puertas –los lugares de la memoria donde
los poderes del zodíaco harían conocer la verdad–.

Hacia el siglo XVII, la nemotécnica recibió una to-
pología mucho más empirista, ya no a semejanza de una
habitación o un edificio, pero sí igualmente sólida; más
parecida a un libro contable, con hojas prolijamente ano-
tadas y apiladas. El almacenamiento de la memoria se
asemejaba más a libros que a arquitectura. En una era
de ediciones mucho más numerosas, las *bibliotecas* de
memoria parecían una protección mucho más indeleble
contra su desvanecimiento. De todos modos, más allá de
cómo la evidencia fuese almacenada, todos los modelos
retornaban mayormente a la misma paradoja.

Descartes identificó a la glándula pineal como el sitio de la memoria intelectual; los pliegues del cerebro
confundían la información contenida allí, distorsionán-
dola con ficciones y fantasmas. La potencial mala fortuna
era balanceada por un fluido de espíritus animales en la
sangre, algo así como el ritmo de la marea.[200] Descartes
presentaba así algo que calificaba como una teoría de la
perfectibilidad, un don muy frágil que la naturaleza había
provisto a los humanos en su lucha contra el olvido. Ese
cinismo cartesiano estaba profundamente arraigado en la
ética de la ilustración –que los humanos son esencialmente
distraídos y la razón debe ser utilizada constantemente
para que no triunfe el olvido–. La mirada de John Locke era

---

[200] Krell, David Farrell. *Of Memory, Reminiscence and Writing, Ibid.*, pp.
61-63.

particularmente extrema, advirtiendo que no importa cuán
tenaces o hasta milagrosas fuesen las memorias, "siempre
parece haber un decaimiento constante de todas las Ideas,
incluso en aquellas que se encuentran más profundamente
arraigadas y en las mentes de los más memoriosos". Si las
ideas no son "renovadas por repetidos Ejercicios de los
Sentidos, o la Reflección sobre ese tipo de Objetos (...) lo
Impreso se desvanece hasta que no queda nada".[201]

Es, en efecto, un curioso subtexto de la "era de la razón"
que hasta Locke, el más extensamente leído exponente de
la idea de una naturaleza ordenada, encontrase este tipo
de desorden en la memoria. La concepción lockeana de la
mente como tabula rasa es frecuentemente citada como
el dechado que induce al aprendizaje, algo que genera la
entrada natural y cordial en el contrato social. Pero, a pesar
de que el mundo no dejaba de escribir eficientemente en
ella, esta tabula rasa era, a su vez, constantemente borrada.
No hay ningún conocimiento innato, y el conocimiento
humano es frágil. Es el alma, en efecto, la que protege a la
razón del olvido.

La memoria puede ser nublada por lo que Hobbes
llamó "el decaimiento del sentido" – "una imaginación com-
puesta (...) como cuando de la observación de un hombre
en un momento, y de un caballo en otro, concebimos a un
Centauro" –.[202] En la disección del cerebro que hace Hobbes,
el acto de recordar era continuamente filtrado por falsas
impresiones, lo que llevaba a la violencia y al desprecio
voluntario. Voltaire es particularmente salvaje en su sátira
"Aventuras de la memoria" (1775), que muestra cómo los
humanos no serían innatamente pacíficos (y seguramente no serían lockeanos) una vez que su memoria fuese

---

[201]   *Ibid.*, p. 77, "From Locke's *Essay Concerning Human Understanding*,
        Book II, Part X".

[202]   Hobbes, Thomas. *Leviathan*, Londres: Collier Books, 1962, p. 24.

disuelta. La fábula tiene lugar en la Grecia antigua (vista por los dioses) -obviamente, la París de Louis XV-. Para los dioses, los mortales son, como siempre, decepcionantes. Estos demuestran tanto desprecio por la memoria que, finalmente, las musas los castigan con un olvido total, lo que provoca vastas calamidades sociales: el robo de los sirvientes, la pérdida del habla, las más rampantes atrocidades sexuales. Finalmente, Mnemosina, la diosa de la memoria, se apiada de ellos y les devuelve lo que habían perdido, pero con una advertencia: "Imbéciles, los perdono; pero *esta vez* recuerden que, sin los sentidos no hay memoria y que, sin memoria, no hay mente".[203] De todas maneras, debido a intrigas cortesanas y a un insensato rector de la Universidad de París, muy pocos la toman suficientemente en serio. Y el pandemonio retorna...

En 1925, Freud sugirió la existencia de un "bloc mágico" en el inconciente, en el que memorias amenazadas pueden ser escritas y salvaguardadas. De todos modos, el bloc mágico podría ser de arcilla y, por lo tanto, alisado y borrado una vez más (lo que nos lleva nuevamente al problema de la preservación de lo inscripto, y a Platón). Freud, además, tuvo siempre presente la necesidad de olvidar como forma de alivio emocional. Si el bloc mágico funcionase demasiado bien, y todo lo recordado fuese mágicamente recordado, esto podría generar más y nuevos inconvenientes.

Allí reside lo crucial del problema para el historiador de la cultura de masas: no se puede privilegiar el acto de escribir. Así como el científico no puede encontrar el lugar mismo de la memoria, el escritor tampoco puede localizar la imagen recibida en la "mente del grupo". Como explica Derrida, tanto como un homenaje como en la forma de una crítica hacia Freud, el bloc mágico era un intento de separar la memoria

---

[203] Voltaire, *Candide, Zadig, and Selected Stories* (Nueva York: New American Library, 1961). P. 328.

de la "responsabilidad física", pero "escribir es imposible sin represión".[204] La lucha de Freud por defender la memoria grabada contra la represión solo agravó el problema: llevaba implícito que todas las formas de escritura eran igualmente ficticias, que ninguna forma de ayudar a la memoria podía preservarla sin dejar brechas. Y, de hecho, para Derrida, las brechas –apenas erosionadas– eran preciosas; eran los lugares en los que el alivio de la represión era posible. Derrida defiende la opacidad en contra de la transparencia, usando aspectos de la lucha de Freud por proteger al conocimiento contra la represión –no en el sentido que le daba Freud, por supuesto, sino más bien en el inverso. De todas maneras, cualquiera sea el lado que uno tome (Freud o Derrida), el aceite en la jarra sigue siendo impuro. El acto de olvidar es cómplice, en todo momento, del recuerdo; en sueños, en público, en conversación, en escritura, probablemente en los mecanismos sinápticos mismos...

Como ya hice una vez con mi libro sobre la ciudad de Los Ángeles –del que estas reflexiones forman parte– me gusta la idea de contribuir al cierre de este libro sobre el segundo centenario argentino y, en buena medida, americano, con un fragmento de una entrevista con Jorge Luis Borges durante una visita a Harvard en 1968. Allí, comenzó recordando su infancia, y a su padre, un abogado con una pasión por la psicología de la memoria. Muchos años antes, su padre había remarcado que él pensaba que podría recordar su infancia, cuando "primero fuimos a Buenos Aires –dijo– pero ahora sé que no puedo".[205] "¿Por qué?", preguntó Jorge.

Su padre respondió con una teoría del olvido que persistió en su hijo por décadas:

---

[204] Jacques Derrida, *Writing and Difference* (Nueva York: Routledge, 2001). P. 226.

[205] Richard Burgin, *Conversations with Jorge Luis Borges* (Nueva York: Avon Books, 1970, prig. 1968). P. 26.

Pienso que si recuerdo algo -dijo su padre- por ejemplo, si hoy pienso lo que hice en la mañana, allí me formo una imagen de lo que vi esta mañana. Pero si, a la noche, me pongo a pensar acerca de esta mañana, lo que realmente estoy recordando no es la primera imagen, sino la primera imagen en mi memoria. De ese modo, cada vez que recuerdo algo, no estoy realmente recordándolo, estoy recordando la última vez que lo recordé, estoy recordando la última memoria que tuve de él. Por lo que, en realidad, no tengo ninguna memoria, ni ninguna imagen, de mi infancia, o de mi juventud.

El padre ilustró lo que quería decir apilando una serie de monedas. Luego de poner una sobre otra, dijo:

Ahora bien, esta primera moneda, la última de abajo, esta sería la primera imagen, por ejemplo, de la casa de mi infancia. Ahora, esta segunda sería la memoria que tuve de esa casa en mi infancia cuando fui a Buenos Aires. De ahí sigo con esta tercera memoria y así sucesivamente. Y como en cada memoria hay una pequeña distorsión, no puedo suponer que mi memoria de hoy esté asociada con las primeras imágenes que tuve.

En ese momento, su padre se puso más pensativo y agregó: "Trato de no pensar en cosas del pasado porque si lo hago estaría pensando en aquellas memorias y no en las verdaderas imágenes". Entristecía al padre de Borges pensar que ya no existían memorias verdaderas de su juventud.

En ese momento, el entrevistador lo interrumpe para entender mejor lo que Borges decía. "¿Usted quiere decir que el pasado fue inventado, que es ficticio?", preguntó. Con lo que Borges estuvo de acuerdo. Él mismo era ya un hombre viejo, pensando sobre su padre a su misma edad. "Puede que esto mismo que digo pueda haber sido distorsionado por las sucesivas repeticiones -explicó Borges-. Porque si en cada repetición usted tiene una leve distorsión, entonces al final usted va a encontrarse muy lejos del asunto. Es un pensamiento que me entristece. Me pregunto si eso será cierto, me pregunto qué es lo que otros psicólogos dirán al respecto".

LOS AUTORES

Tomas Borovinsky es doctorando en Ciencias Sociales en la UBA y doctorando en Filosofía en la Universidad de París VIII, politólogo (UNSAM) y sociólogo (UBA). Es becario CONICET y docente de la materia *Filosofía* en la Facultad de Ciencias Sociales de la UBA, y del posgrado de la Universidad de Belgrano. También es investigador del Área de Historia de las Ideas del Departamento de investigaciones de la Universidad de Belgrano. Recientemente ha publicado en Argentina "Ante la poshistoria: en torno al reconocimiento humano en Alexandre Kojève" en *Entrenos: Ensayos sobre reconocimiento e intersubjetividad*, editado por Felipe Muller y Martín Plot (Buenos Aires: Teseo, 2009). También ha publicado recientemente, en España, en co-autoría, *Biopolítica y nazismo: una lectura del genocidio moderno* (Editorial Anthropos). Además es editor asistente de la *Revista de Estudios sobre Genocidio*, editado por la UNTreF (ISSN 1851-8184).

Margo Bistis es historiadora cultural europea, curadora independiente y enseña en la *School of Critical Studies* de CalArts. Sus publicaciones incluyen ensayos sobre Henri Begson, modernismo y caricatura. En 2003, contribuyó a la curaduría de *Comic Art: The Paris Salon in Caricature at the Getty Research Institute.*

Daniel Mundo es licenciado en Ciencias de la Comunicación (UBA) y Magíster en Filosofía de la Cultura (UNSAM). Publicó dos libros de ensayos: *Crítica apasionada. Una lectura introductoria de la obra de Hannah Arendt* (2003) y *Pasatiempos. Ensayos político de la* *contemporaneidad argentina* (2006). También publicó un libro de cuentos: *Conocía bien la otra historia* (2010). Es docente en la Facultad de Ciencias Sociales de la Universidad de Buenos Aires.

Mauricio Dimant es Magister en Historia Política e Inmigratoria de América Latina (Universidad Hebrea de Jerusalén) y doctorando en el Departamento de Estudios Románicos y Latinoamericanos de la Universidad Hebrea de Jerusalén. Es becario en la División de América Latina del Instituto Harry S. Truman para la Promoción de la Paz y docente en la Universidad Hebrea de Jerusalén. Su última publicación es "Los inmigrantes árabes y el liderazgo político en América Latina: el caso de la zona de frontera en el sur argentino a principios del siglo XX" (en Hebreo), *Ruah Mizrahit* (East Wind), The Middle East & Islamic Studies Association of Israel - MEISAI, Número 11, Abril de 2010, pp. 17-24.

Emmanuel Taub es Magister en Diversidad Cultural (UNTreF), doctorando en Ciencias Sociales (UBA) y becario del CONICET. Es también Investigador del Centro de Estudios sobre Genocidio (UNTreF) y del Área de Historia de las Ideas del Departamento de investigaciones de la Universidad de Belgrano. Es editor asistente de la *Revista de Estudios sobre Genocidio* (ISSN 1851-8184), fue *junior fellow* (2008-2009) del *S. Daniel Abraham Center for International and Regional Studies* de la Universidad de Tel Aviv y es, desde 2008, miembro del Equipo Internacional de Colaboradores de la Revista *Iberoamérica Global* de la Universidad Hebrea de Jerusalén. Han sido publicados sus trabajos sobre historia de las ideas y filosofía política: *Otredad, orientalismo e identidad* (Editorial Teseo) y *La modernidad atravesada. Teología política y mesianismo* (Miño y Dávila Editores).

Alejandro Dujovne es doctor en ciencias sociales y becario posdoctoral del CONICET. Es miembro del Núcleo de Cultura Escrita, Mundo Impreso y Campo Intelectual (CEMICI) de la Universidad Nacional de Córdoba y del Núcleo de Estudios Judíos del Instituto de Desarrollo Económico y Social (IDES) en Buenos Aires. Es miembro de la mesa directiva de la *Latin American Jewish Studies Association*. Su tesis doctoral se titula *Impresiones del judaísmo. Una sociología histórica de la producción y circulación transnacional del libro en el colectivo social judío de Buenos Aires, 1919-1979*.

Ernesto Semán nació en la Argentina en 1969 y es candidato doctoral en la *New York University*. Es autor de ficción y no ficción, y ha publicado numerosos artículos sobre política e historia en la Argentina y el exterior. Su última novela, *Soy Un Bravo Piloto de la Nueva China*, saldrá publicada en la Argentina bajo el sello Random House/Mondadori.

Martín Plot obtuvo su Ph.D. en la *New School for Social Research* y es codirector y profesor del *Graduate Program in Aesthetics and Politics*, en la *School of Critical Studies* de CalArts. Es también investigador del Área de Historia de las Ideas del Departamento de investigaciones de la UB. Sus publicaciones más recientes son *La carne de los social* (Buenos Aires: Prometeo, 2008) y "The Democratico-Political: Social Flesh and Political Forms in Lefort and Merleau-Ponty" (*Theory and Event*, 2009) "Divided Power in Space and Time" (*Constellations*, 2009) y "Communicative Action's Democratic Deficit" (*International Journal of Communication*, 2009.)

Antoinette Hertel es doctora en filosofía por la *New York University*. Actualmente es profesora en el *St. Joseph's College*, de Nueva York, donde dicta cursos de literatura, cine y cultura latinoamericanos. Su último artículo "La máquina de hacer palmeras" fue publicado por la Universidad de Guanajuato en la colección Escritura y esquizofrenia. Eds. Aureliano Ortega Esquivel and Juan Pascual Gay.

Norman Klein es historiador urbano y de los medios, crítico, novelista y enseña en la School of Critical Studies de CalArts. Sus libros incluyen *The History of Forgetting: Los Angeles and the Erasure of Memory*; *Seven Minutes: The Life and Death of the American Animated Cartoon*; *The Vatican to Vegas: The History of Special Effects*; *Freud in Coney Island and Other Tales*; y la novela-base-de-datos *Bleeding Through: Layers of Los Angeles, 1920-86.*